목숨을 걸고 미합중국의 군인으로 복무한

용감한 나의 아버지와 네 분의 삼촌에게 이 책을 바칩니다.

그분들의 고귀한 헌신으로 오늘날 전 세계가 자유롭게 살 수 있게 되었습니다.

이 땅에서 전쟁의 상처를 안고 살아가신 그분들은

천국에서 상급을 받으셨을 것입니다.

또한 우리의 자유를 위해 국가에 헌신하여 목숨을 바친

모든 군인에게 이 책을 바칩니다.

당신들의 희생이 헛되지 않은 것은,

우리가 이렇게 자유를 누리고 있기 때문입니다.

지금 이 순간에도 미국에서 수많은 현역 군인과 퇴역 군인들이

지워지지 않는 전쟁의 상처 때문에 괴로워하고 있습니다.

이 재앙이 종식되고 모두가 안전하게 귀향하길 기도합니다.

트라우마로부터 자유하라

마이크 허칭스 지음 | 안민경 옮김

SUPERNATURAL FREEDOM FROM THE CAPTIVITY OF TRAUMA

추천사

마이크 허칭스는 심각한 트라우마와 외상 후 스트레스 장애(PTSD)로 고통받는 사람들을 자유케 하는 일에 열정적인 사람이다. 사람들은 보통 외상 후 스트레스 장애를 치유하기 어려운 불치병으로 여기지만, 하나님께는 절대로 불가능한 일이 아니다. 하나님은 우리를 치유하기 원하신다.

이 책은 '오직 예수님만이 주실 수 있는 자유를 누리는 것'에 대한 심오한 통찰과 간증으로 가득하다. 이런 것이 복음이다. 우리는 자유를 찾은 수많은 사람들의 간증을 통해 변화를 가져오는 하나님의 사랑을 보게 된다. 일단 우리가 그 사랑의 깊이를 경험하면, 자유는 필연적으로 따라온다. 그리고 이 책은 모든 사람에게 유용한 아버지의 사랑과 능력을 나타낸다. 우리는 기쁘게 살도록 지음 받은 자들이다. 아무리 심각한 트라우마도 이 진리를 무효로 만들 수 없다.

빌 존슨, 벧엘교회 담임목사
《하나님의 임재》, 《마음을 견고히 하라》의 저자

오늘날 영혼이 산산조각 나는 트라우마를 경험하는 사람들이 꾸준히 증가하고 있다. 그러나 이런 상태를 해결할 자원이나 훈련은 많지 않다. 마이크 허칭스는 트라우마의 치유와 관련하여 매우 능력 있는 사역자이다. 외상 후 스트레스 장애에 대한 그의 깊은 이해와 치유의 능력을 발하는 기름부음은 그리스도의 몸 안에서 매우 귀하게 쓰임 받고 있다.

나는 자유를 추구하는 자로서 영혼에 상처를 입은 자들이나 그들을 돕는 자들에게 이 책을 적극 추천한다. 사람들을 치유하고 자유해지도록 돕는 데 필요한 자원이 여기 있다. 치유와 자유를 갈망하는 모든 이에게 하나님의 축복이 있기를 바란다!

대니 실크
《존중의 문화》, 《우리가 몰랐던 천국의 자녀 양육법》의 저자

마이크 허칭스는 이 책에서 외상 후 스트레스 장애의 해답이 예수 그리스도의 이름에 있다는 사실을 입증한다. 그 이름의 능력이 우리의 영·혼·육에 완전한 치유를 가져온다. 마이크는 베드로가 행한 일을 우리도 할 수 있다고 말한다. 베드로가 예수 이름으로 치유를 명하자, 나면서부터 걷지 못하던 자는 영·혼·육을 치유받고 자신을 자유케 하신 살아 계신 하나님께 영광을 돌렸다.

마이크는 자신의 경험을 토대로 이 완전한 치유 과정을 설명하고, 우리도 동일한 일을 행하도록 친절하게 가르쳐 준다. 당신도 회복의 과

정을 통해 치유를 경험할 수 있다. 상처 입은 자들에게 나아가 치유하라!

마크 버클러
《상한 마음을 치유하는 기도》의 저자

하늘 아버지는 우리가 트라우마와 외상 후 스트레스 장애의 속박에서 벗어나 온전한 삶을 살아가기 바라신다. 《트라우마로부터 자유하라》는 트라우마로 고통받으며 신음하는 자들, 아버지의 사랑 안에서 안정감을 누리지 못하고 진정한 그분의 자녀답게 살지 못하는 자들을 위한 필독서이다. 이 책은 당신에게 하나님 나라 백성의 정체성을 일깨워 줄 뿐만 아니라 영적 지혜를 전달하여 진정한 자유에 이르는 여정으로 안내한다. 따라서 당신도 트라우마로부터 자유해질 수 있고, 감정적으로나 영적으로 온전하게 살 수 있다는 사실을 깨닫게 될 것이다. 당신은 진정한 자유를 찾게 될 것이다!

레베카 그린우드
《세상을 다스리는 권세의 회복》의 저자

감사의 글

훌륭하고 사랑스러운 나의 아내 록산느와 자녀들에게 감사의 마음을 전합니다. 가족들의 인내와 사랑, 헌신의 기도로 이 책이 탄생하게 되었습니다. 특별히 3년 동안 함께 작업하며 포기하지 않고 이 책을 완성시켜 준 수잔 톰슨에게 감사드립니다. 당신은 하나님의 귀한 선물입니다.

PRAY

아버지, 사랑합니다. 저에게 '치유와 자유의 복음', '온전하게 산다는 것'의 의미를 전할 수 있는 특권을 주셔서 감사합니다. 당신은 우리에게 위의 것에 마음을 두라고 말씀하십니다. 그곳은 하나님의 우편으로, 그리스도가 앉아 계신 곳입니다. 우리가 그렇게 할 때, 이 땅에서 천국의 마음을 품고 살 수 있습니다. 다시 말해, 실제로 이 세상에 무언가를 베풀 수 있게 됩니다. 세상은 당신과의 만남이 필요합니다. 우리 모두가 치유하고 변화시키고 해방시키시는 하나님을 만나야 합니다. 우리가 누릴 수 있는 것이 무엇인지 알 수 있도록 도와주소서. 당신의 말씀이 우리가 지속적으로 성취하고자 하는 기준이 되기 원합니다. 우리에게 성령의 불로 임하소서. 아직도 아버지가 계시지 않은 곳이 있다면 오셔서 채워 주소서. 우리 마음이 성령의 전이 되도록 하나님의 영광으로 충만케 하소서. 예수님의 이름으로 기도드립니다. 아멘.

목차

4 · 추천사 | 7 · 감사의 글 | 10 · 머리말 | 13 · 서문

Chapter 1 온전하게 살기   24

Chapter 2 트라우마를 영혼의 상처로 이해하기   38

Chapter 3 트라우마에 대한 성경적 이해   60

Chapter 4 트라우마가 정신에 끼치는 영향   72

Chapter 5 트라우마를 통해 역사하는 사탄의 전략   82

Chapter 6 트라우마를 치유하시는 하나님   100

Chapter 7 하나님의 선물, 자유   114

Chapter 8 자유를 향한 여정   128

Chapter 9 치유받으라   142

주   157
부록 A 트라우마로부터의 해방을 위한 기도   160
부록 B 퇴역 군인을 위한 사역 가이드   172
부록 C 외상 후 스트레스 장애(PTSD)를 치유하시는 하나님에 대한 간증들   174

머리말

마이크 허칭스의 《트라우마로부터 자유하라》는 자신은 물론 타인까지 괴롭게 만드는 트라우마의 치유법을 가르치는 가장 유용한 책이 될 것이다. 이 책은 트라우마에 대한 성경적·임상적 관점을 제시한다. 특히 몸과 마음의 연관성을 강조하고, 해결되지 않은 트라우마가 우리의 정체성과 건강뿐 아니라 생각과 느낌, 결정방식에 얼마나 큰 영향을 주는지를 집중적으로 다룬다.

그는 이사야 61장에 기반한 예수님의 사명 선언문(눅 4:18)을 인용하며 그분이 곤고한 자, 가난한 자, 트라우마에 시달리는 자들에게 복음을 선포하는 것이 자신의 사명이라는 것을 어떻게 이해하셨는지 보여 준다. 마음이 상한 자를 치유하는 것, 이것이 복음의 주요 표적이며 기사였다.

마이크는 마음이 상한 자, 특히 정신적 외상을 입은 자를 대상으로 사역하는 방법에 대하여 하나님이 계시해 주신 통찰을 나눈다. 그는 미국의 32개 주를 비롯하여 여러 나라에서 열린 트라우마 치유 세미나를 통해 이러한 통찰들을 공유했다. 지금까지 1만 2천여 명이 외상 후 스트레스 장애(Post Traumatic Stress Disorder, PTSD)와 트라우마의 치유를 경험하였고, 1만 명 이상이 이 책에 수록된 내용대로 훈련받았다.

예전에 다양한 증상으로 힘들어 하는 은퇴 하사의 치유를 위해 마이크와 함께 사역한 적이 있다. 나는 마이크에게 사역을 권하고 옆에서 그를 도왔다. 사역을 시작할 때, 성령께서 그에게 어떻게 사역할 것인지 지시하셨다. 다음 날 그 하사는 외상 후 스트레스 장애와 관련된 모든 증상으로부터 완전히 해방되었다.

몇 주 뒤 또 다른 퇴역 군인이 나를 찾아왔다. 그는 몇 번의 전투를 치르면서 잃어버린 정체성을 찾기 위해 도움이 절실하다고 토로했다. 나는 그에게 마이크의 도움이 필요하다는 사실을 직감했다. 재향군인 병원에서 심각한 외상 후 스트레스 장애 진단을 받은 그는 완치를 기대할 수 없으며, 평생 약물치료를 받으며 증상을 관리해야 한다는 말을 들은 상태였다. 마이크는 그와 함께 몇 분간 기도했고, 그 역시 기적적으로 치유되었다.

이후 마이크는 트라우마의 원인이 무엇인지와 상관없이 하나님께서 자신에게 트라우마에 시달리는 자들에게 사역하는 방법에 대한 통찰력을 주셨다는 사실을 인지하게 되었다. 나는 지금까지 수많은 트라우마 환자들이 그의 사역을 통해 치유받는 것을 목격했다.

트라우마에 시달리는 사람들을 치유하기 위해 어떻게 사역해야 하는지 알고 싶다면, 이 책을 읽으라. 마이크는 미국의 진지로 와서 병사들을 위해 사역해 달라는 요청을 받기도 하고, 우크라이나 전선의 시민과 병사들을 위한 사역 요청도 받았다. 성령께서는 그에게 정신의학자들도 구제하기 어렵다고 말하는 트라우마의 치유에 대한 해답을 주셨다. 나는 그의 사역 비결이 담긴 이 책을 기쁜 마음으로 적극 추천한다.

랜디 클락, 글로벌 어웨이크닝 사도 네트워크 감독
《치유 사역 훈련 지침서》,《능력, 성결, 전도》의 저자

서문

나는 유년시절부터 58년간 일리노이에서 살았다. 켄터키 출신인 나의 부모님은 제2차 세계대전 이후 일리노이 피오리아로 이주하셨다. 당시 아버지와 세 명의 삼촌들은 참전 용사였고, 넷째 삼촌은 아시아 지역에서 복무하다가 전사하셨다. 이렇듯 우리 가문은 참전 군인의 내력을 갖고 있다.

나는 침례교 가정에서 태어나 자랐고, 열세 살에 내 삶을 예수님께 드렸다. 대부분의 신앙인들이 그렇듯 주일에는 경건하게 지냈고, 나머지 시간에는 전혀 다른 삶을 살았다. 대학에 들어가서 연극과 라디오 방송을 전공했는데, 잠시 공부를 쉬던 중 큰 시련을 겪으며 예수님을 만났다. 주님은 내 삶을 완전히 변화시키셨고, 나를 사역의 길로 밀어 넣으셨다.

약 2년간 청년사역에서 결실을 본 후 하나님은 나를 목회사역으로 부르셨다. 나의 첫 목회지는 인적이 드문 일리노이 중동부였다. 우리 교회에는 약 30명의 교인이 있었는데, 그곳에서 지금의 아내 록산느를 만나 친구가 되었다. 그로부터 얼마 뒤 다시 대학으로 돌아가 신학교에 진학했다. 그때부터 록산느와 교제를 시작해서 1981년 8월 29일에 결혼했다.

1982년에 우리는 일리노이 남부의 작은 도시 카터빌로 이주했다. 거기에서 약 6마일 정도 떨어진 스필러타운에는 우리 교단의 자매교회가 있었고, 랜디 클락이 목회하고 있었다. 랜디와 나는 같은 지역 목사로서 정기적인 만남을 가졌다. 우리의 관계가 점차 돈독해지면서 하나님을 향한 갈망도 깊어졌다.

1984년 랜디와 나는 제임스 로비슨 바이블 컨퍼런스에 참석했다가 존 윔버를 만나면서 '북부 침례교 성령 운동'과 연결되었다. 그 후 랜디는 존 윔버를 자신의 교회에 초대했다. 하지만 직접 올 수 없는 상황이 되어 블레인 쿡이 이끄는 팀원들을 보냈다. 그렇게 시작된 치유집회는 우리를 완전히 변화시켰다. 우리는 하나님의 임재를 경험했고, 모두가 성령세례를 받았으며, 참으로 놀라운 하나님과의 만남의 시간을 가졌다.

당시 집회 참석자의 대다수(약 150명)는 미 중서부의 목회자들과 리더들이었다. 우리는 그 집회를 '스필러타운 대학살'이라고 불렀는데, 하나님의 능력과 권능으로 깨어지고 부서져 기존의 신앙으로 되돌아갈 수 없게 되었기 때문이다. 그로부터 약 1년 후, 대부분의 목사들이 사역지를 잃었다. 우리는 교회 공동체로부터 배척당했다. 하나님의 영이 교회 가운데 나타나기 시작하셨기 때문이다.

주님이 우리를 사용하시기 시작하면, 대중에게 익숙하지 않은 방법으로 나타나시곤 한다. 당시 한밤중에 성령으로 세례를 받아 방언이 터진 성도들이 찾아와서 이렇게 물었다. "목사님, 이게 무슨 일이죠?" 지금은 웃으며 말하지만, 당시에는 웃을 수 없었다. 하나님이 나타나시는 방식이 너무 낯설어서 우리는 무엇을 어떻게 해야 할지 몰랐다.

얼마 후 랜디는 스필러타운을 떠나 세인트루이스로 가서 교회를 개척했다. 나는 피오리아로 돌아가 교회를 개척했다. 하나님 나라에 동참하며 성령의 능력과 은혜를 이해하는 여정 속에서 나의 삶과 사역 가운데 놀라운 변화가 일어났다. 수많은 도전들이 있었지만, 그 속에서 매우 행복했다.

감사하게도 나는 수년간 침례교와 초교파 교단에서 목회할 수 있는 특권을 누렸다. 은사적 메노나이트파(메노 시몬스의 신학을 따르는 자들이라는 뜻으로, 종교 개혁기에 등장한 재세례파의 일파 – 역자 주) 교회에서도 목회했는데, 1970년대 은사주의 운동으로 설립된 곳이었다. 하나님의 성령은 메노나이트 교회들과 다른 여러 교파들을 통해 역사하셨고, 나는 그곳에서 훌륭한 동역자들과 함께하는 기쁨을 누렸다.

그러던 어느 날, 랜디와 글로벌 어웨이크닝(Global Awakening) 지도부로부터 펜실베이니아로 오라는 요청을 받고, 수퍼내추럴 미니스트리의 글로벌 어웨이크닝 학교로 향했다. 매우 좋은 기회였기에 받아들이기는 했지만, 제안에 응하기까지 2개월이나 걸렸다. 이것이 하나님의 뜻인지 확실히 알고 싶었기 때문이다.

나는 그때까지 58년을 일리노이에서 보냈다. 그런 내가 펜실베이니아로 이주한다는 것은 나와 내 가족의 터전, 교회를 떠나야 한다는 뜻이었다. 내게 목회는 행복한 일이었다. 앞으로 더 큰 일, 곧 내가 여러

나라에 가게 될 것이라는 예언을 많이 받기는 했지만, 흥미로운 말이라 여겼을 뿐 그것이 어떻게 성취될지는 알지 못했다. 나는 하나님이 우리를 어딘가로 들어 올리실 때, 그곳이 우리가 생각조차 해 보지 못한 곳일 수 있다는 사실을 깨달아야만 했다.

중요한 선택을 앞두고 나는 친분이 있는 목사들을 비롯해서 주위의 영향력 있는 단체를 찾아다니며 그들의 지혜와 분별을 구했다. 그리고 하나님께 이렇게 말씀드렸다. "제가 하려는 일에 대하여 우리 교회 식구들의 동의와 축복을 받아야 합니다." 장로들은 나를 위해 기도해 주었고, 우리는 다 함께 눈물을 흘리기 시작했다. 그들은 이렇게 말했다. "하나님께서 목사님을 창조하신 목적이 바로 이것입니다." 그들은 나를 위해 기도하고 축복하며 환송해 주었다.

처음 수퍼내추럴 미니스트리의 글로벌 스쿨 지도자로 부름 받았을 때, 하나님께서 더 많은 것을 마음에 품고 계시다는 생각을 전혀 하지 못했다. 그것은 바로 외상 후 스트레스 장애(PTSD)로 고통받는 자들을 치유하는 사역이었다. 펜실베이니아로 이주할 때만 해도 이러한 사역은 상상조차 하지 못했다.

이 책을 읽는 독자들 앞에도 문들이 펼쳐져 있다. 그 문들을 열고 들어가는 것은 희생과 고난을 수반하지만, 엄청난 기회가 된다. 중요한 것은 하나님이 그 문들을 여시는 분이라는 사실이다.

요한계시록 3장은 하나님이 닫으시면 아무도 그 문을 열 수 없고, 여시면 아무도 그 문을 닫을 수 없다고 말씀하신다. 문턱 너머에서 당신을 부르시는 하나님의 음성이 들리면, 그분의 목적이 오로지 한 가지라고 생각할지도 모른다. 그러나 하나님은 당신의 레이더에 잡히지 않는 계획을 훨씬 많이 갖고 계신다. 그분을 신뢰하라.

1990년대 글로벌 어웨이크닝에서 사역하기 전, 나는 교회를 개척하느라 여념이 없었다. 우리가 교회를 개척할 때마다 관심을 갖는 자들은 대부분 깨어지고 상한 자들이나 유죄판결을 받은 전과자 등 쉽게 다가가기 어려운 사람들이었다.

목회사역과 목회상담 석사학위가 있었던 나는 청소년 및 가족치유를 시작했다. 그리고 노숙 청년과 가출 청소년을 위한 임상 코디네이터로 활동하며 사회복지 관련 일을 하게 되었다. 그때부터 거리로 나가 노숙 청년들을 돌보는 상담사들을 지도하고, 경찰서에 수감된 미성년자들을 도우면서 트라우마에 시달리는 사람들을 접하게 되었다.

아이들을 제물로 바치는 사탄숭배 의식에서 살아남은 사람들을 1년 정도 상담한 적이 있었다. 나는 그 문제를 알고 있었지만, 제대로 연구하지는 않았다. 1990대에는 이 사안에 대하여 다룬 책이 거의 없었다. 나는 정신과 의사인 제임스 프리지안에 관해 공부했다. 그는 해리성 정체성 장애 분야에서 이름 높은 《다중인격의 미스터리 밝히기》(Uncovering the Mystery of MPD)[1]의 저자인데, 나는 그의 업적을 통해 특별한 것을 배웠다. 그러나 사탄숭배 의식 희생자와 관련된 자료는 그것이 전부였고, 교회에서도 관련 자료를 구할 수 없었다. 오직 세상에서만 이러한 사람들을 위한 치료가 행해지고 있었다.

트라우마 치유사역의 기회가 처음 주어진 것은 글로벌 어웨이크닝을 통해서였다. 2012년 11월, 일리노이 어바나의 치유학교에서 랜디 클락과 함께 있을 때, 한 남자가 찾아왔다. 그는 자신이 외상 후 스트레스 장애로 고통받고 있다고 하면서 이렇게 말했다. "저는 퇴역 군인인데, 만성 신경통 때문에 도무지 잠을 이룰 수가 없어요. 밤마다 식은땀을 흘리고, 악몽을 꾸고, 야경증(수면 중에 갑작스런 공포감과 불안감을 느끼면서 깨는 것 - 역자 주)에 시달립니다. 랜디에게 기도를 받을 수 있을까요?"

나는 랜디에게 그의 말을 전했다. 그런데 랜디는 나에게 그를 위해 기도해 주라고 하였다. "내가 함께할 테니, 당신이 그를 위해 기도해 주세요."

나는 그를 위해 기도할 준비를 하며, 먼저 성령님의 뜻을 구했다. 그리고 곧장 성령님의 인도를 받았다. 주님은 이 사람에게 취해야 할 구체적인 단계들을 알려 주셨다. 그중 하나는 그로 하여금 내 눈을 보게 하는 것이었다. 일정 시간 누군가의 눈을 응시하는 것은, 더구나 일대일로 마주보는 것은 매우 어려운 일이다. 대부분의 남자들은 서로의 눈을 응시하지 않는다. 그러나 주님께서 이것을 원하셨다.

내가 그를 위해 기도하는데, 어느 순간 그가 성령에 압도되어 무릎을 꿇었다. 이어서 그의 몸이 떨리기 시작하더니, 눈동자가 뒤로 돌아갔다. 그는 몇 분 뒤에 일어나서 이렇게 말했다. "제가 자유해진 것 같습니다. 모든 고통이 사라졌습니다."

다음 날 아침, 그는 컨퍼런스에 와서 이렇게 고백했다. "저는 5년 만에 최고의 단잠을 잤습니다. 식은땀도 흘리지 않았고, 두려움이나 악몽도 없었습니다. 모든 고통과 근심이 사라졌습니다."

그는 치유를 받은 후 자신의 교회에서 퇴역 군인들을 위해 기도하기 시작했고, 그에게 기도받는 사람들 역시 치유되었다. 심각한 건강의 문제로 고통받던 그의 아내도 치유받아 예약해 두었던 수술 일정을 취소했다. 하나님은 이 부부에게 퇴역 및 현역 군인을 대상으로 사역하게 하셨고, 그들을 통해 수많은 군인들이 전쟁의 트라우마에서 해방되었다.

랜디가 나에게 이 남자를 위해 기도하라고 했을 때, 나는 외상 후 스트레스 장애로 고통받고 있는 이들을 위해 어떻게 기도해야 할지 알지 못했다. 30년간 정신적 치유가 필요한 자들을 위해 기도해 왔지만, 외상 후 스트레스 장애를 겪는 자들을 위해 기도한 적은 없었다. 어떻게 해야 할지 갈피를 잡지 못한 채 그저 존 윔버의 기도 모델을 따랐다.

이 모델에 따르면, 육체적 치유가 필요한 사람이 있으면 무엇보다 먼저 조용히 기도해야 한다. "성령님, 지금 무엇을 원하십니까?" 이것이 그날 밤에 내가 첫 번째로 한 일이었다. 그리고 몇 년이 흐른 지금, 미국을 비롯한 5개국에서 1만 명에 가까운 사람들에게 외상 후 스트레스 장애 치유를 위한 기도 훈련을 하고 있으며, 트라우마와 외상 후 스트레스 장애 치유 사례를 1만 2천 건 이상 확인했다.

영적 권위를 가진 사람이 당신에게 무언가를 하라고 맡겼는데, 마음이 편치 않을 때가 있을 것이다. 그것은 당신이 그 일을 한 번도 해본 적이 없기 때문이다. 어쩌면 준비가 되지 않았다는 기분이 들지도 모르겠다. 하지만 당신이 그 사명을 향해 한 걸음 내딛으면, 그것을 수행하는 데 필요한 기름부음이 따라온다는 사실을 깨닫게 될 것이다.

하나님이 반드시 준비된 자를 부르시는 것은 아니다. 하나님은 부름 받은 자를 준비시키신다. 나도 그랬고, 허다한 사람들에게서 그런 경우를 보았다. 경험이 부족하다는 이유로 당신을 향한 하나님의 계획을 거스르지 말라. 그분은 당신의 경험이 부족하다는 사실을 개의치 않으신다.

외상 후 스트레스 장애는 군부대에만 국한되지 않는다. 트라우마를 경험한 사람은 누구나 그로 인해 고통받는다. 그러나 감사하게도 십자가에서 완성된 사역이 하나님의 흠 없고 완전한 언약의 축복에 다가갈 수 있는 길을 인류에게 열어 주었다. 하나님은 우리의 육체를 치유하기 원하시며, 우리가 영적으로도 치유받기를 바라신다. 그분은 우리가 온전히 치유되기를 갈망하신다.

우리를 향한 아버지의 마음을 요한삼서 2절은 다음과 같이 아름답게 표현한다. "사랑하는 자여 네 영혼이 잘됨 같이 네가 범사에 잘되고 강건하기를 내가 간구하노라"(요삼 1:2). 나는 수천 명의 사람들이 치유되는 것을 보았다. 당신도 하나님의 치유를 경험하고 온전하게 살아갈 수 있다. 예수님은 길을 만드시고, 당신을 초대하셔서 그 길을 걷게 하신다.

십자가에서 완성된 사역이 하나님의 흠 없고 완전한 언약의 축복에 다가갈 수 있는 길을 인류에게 열어 주었다. 하나님은 우리의 육체를 치유하기 원하시며, 우리가 영적으로도 치유받기를 바라신다. 그분은 우리가 온전히 치유되기를 갈망하신다.

Supernatural Freedom
from the Captivity of Trauma

Supernatural Freedom from the Captivity of Trauma

온전하게 살기

Chapter 1

Chapter 1 온전하게 살기

온전하게 산다는 것은 무슨 뜻일까? 이것을 알기 위해 우리는 자신의 정체성, 즉 하나님께서 우리를 어떠한 존재로 창조하셨는지 이해해야 한다. 우리는 하나님의 형상을 따라 창조되었다. 그러나 대부분의 사람들이 참된 정체성을 인지하지 못한 채 살아간다. 정체성에 대해 제대로 배우지 못했기 때문이다. 우리는 어려서부터 자신이 어떤 존재인지 이해하려면 이 세상이나 자기 자신에게 주의를 기울이라고 배웠다.

당신이 하나님께 부여받은 정체성에 대해 아무 의식 없이 살고 있다면, 당신을 향한 하나님의 계획과 매우 동떨어진 삶을 살고 있는 것이다. 이것은 사도행전 3장 1-11절에 잘 나타나 있다. 이 구절에서 누가는 오순절 직후 기적적으로 치유받은 사람에 대하여 이야기하고 있다. 그는 나면서부터 걷지 못했다.

제 구 시 기도 시간에 베드로와 요한이 성전에 올라갈새 나면서 못 걷게 된 이를 사람들이 메고 오니 이는 성전에 들어가는 사람들에게 구걸하기 위하여 날마다 미문이라는 성전 문에 두는 자라 그가 베드로와 요한이 성전에 들어가려 함을 보고 구걸하거늘 베드로가 요한과 더불어 주목하여 이르되 우리를 보라 하니 그가 그들에게서 무엇을 얻을까 하여 바라보거늘 베드로가 이르되 은과 금은 내게 없거니와 내게 있는 이것을 네게 주노니 나사렛 예수 그리스도의 이름으로 일어나 걸으라 하고 오른손을 잡아 일으키니 발과 발목이 곧 힘을 얻고 뛰어 서서 걸으며 그들과 함께 성전으로 들어가면서 걷기도 하고 뛰기도 하며 하나님을 찬송하니 모든 백성이 그 걷는 것과 하나님을 찬송함을 보고 그가 본래 성전 미문에 앉아 구걸하던 사람인 줄 알고 그에게 일어난 일로 인하여 심히 놀랍게 여기며 놀라니라 나은 사람이 베드로와 요한을 붙잡으니 모든 백성이 크게 놀라며 달려 나아가 솔로몬의 행각이라 불리우는 행각에 모이거늘 (행 3:1-11)

성경에서 인사말로 많이 사용되는 단어가 있는데, 바로 샬롬(shalom)이다. 샬롬의 뜻은 평안이다. 하지만 여기에는 더 깊고 풍부한 의미가 내포되어 있다. 샬롬은 흠 없고 완전한 언약의 축복을 지칭한다. 여기서 흠 없고 완전하다는 말은 하나님의 언약으로 주어진 것이기에 부족함이 전혀 없다는 뜻이다. 하나님은 우리가 샬롬의 충만함 가운데 살아가기 원하신다.

이 남자가 치유받기 전, 베드로와 요한은 성령의 불세례를 받았다 (행 2장). 베드로와 요한을 비롯한 120명의 제자들은 다락방에 모여 열흘간 기도하였는데, 이때는 부활하신 예수님이 그들에게 보이시고 하늘로 올라가신 후였다. 오순절에 그들이 모여 기도하자, 하나님의 영이 불의 혀처럼 그들의 머리 위에 임하며 각기 다른 방언으로 말하게 되었다. 이 소리를 듣고 큰 무리가 모여들었다.

당시 세계 각국에 흩어져 사는 유대인 수천 명이 예루살렘에 와서 오순절을 기념하고 있었다. 그들이 성령의 강한 소리를 듣고 모이자, 하나님께서 베드로를 감동시키셔서 그들에게 말씀을 전하게 하셨다. 어찌된 일인가 궁금해하는 그들에게 베드로는 이렇게 말했다. "이것은 구약에서 하나님이 선지자를 통해 말씀하신 것으로, 하나님의 영을 모든 육체에 부어 주리라 하셨다." 그날 그 자리에서 3천 명이 세례를 받았다.

> 샬롬은 흠 없고 완전한 언약의 축복을 지칭한다. 여기서 흠 없고 완전하다는 말은 하나님의 언약으로 주어진 것이기에 부족함이 전혀 없다는 뜻이다. 하나님은 우리가 샬롬의 충만함 가운데 살아가기 원하신다.

오순절로부터 몇 주 또는 몇 개월 후, 베드로와 요한은 성전에 올라가다가 나면서부터 걷지 못하는 자와 마주쳤다. 하나님은 베드로와 요한을 통해 그를 치유하셨다. 그런데 여기서 베드로와 요한에 대해 알아야 할 한 가지 중요한 사실이 있다. 그들은 완벽하지 않았으며, 하나님이 맡기시려는 사역에 대한 경험도 없었다는 것이다.

불과 오순절 사건이 있기 얼마 전, 그들은 겟세마네 동산에서 예수님이 함께 기도하자고 요청하셨음에도 불구하고 잠든 자들이었다. 제자들은 십자가 앞에서 예수님을 부인하고 달아났으며, 끝까지 주님을 떠나지 않은 제자는 요한뿐이었다. 담대하게 충성을 맹세했던 제자들은 예수님을 배신하고 떠나 버렸다. 제자들이 그렇게 실패한 순간부터 성령의 불을 받아 3천 명을 구원하고 나면서부터 걷지 못한 자를 치유하기까지는 그리 오랜 시간이 걸리지 않았다.

아무리 실패한 것처럼 느껴지더라도 좋은 소식이 있다. 우리는 하나님의 은혜와 능력 덕분에 절대로 실격자가 되지 않는다는 것이다. 당신이 간구하던 기적이나 변화를 보지 못했다고 해서 자격이 없는 것은 아니다.

사역에서 치유와 기적이 일어나지 않는 것은 원수의 거짓을 믿는 것과 관련이 있다. 원수는 당신의 행위가 악하기 때문에 예수님의 피로 정결케 되고 회복되기에 역부족이라고 말한다. 그러나 예수님을 주와 구원자로 고백하고 선포한 자라면 누구나 베드로와 요한처럼 온전치 못한 자들을 회복시키고 치유하는 사역을 할 수 있다.

혹자는 심각한 결점을 근거로 베드로와 요한이 사역에서 물러나야 했다고 말할 수도 있다. 그러나 예수님은 다른 계획을 갖고 계셨다. 성경은 이렇게 말씀한다. "베드로와 요한이 성전에 올라갈새." 이것은 매우 흥미로운 구절이다.

우리가 일정한 장소에서 다른 곳으로 이동할 때, 놀라운 기적이 일어난다. 베드로와 요한은 교회 안에 우두커니 서서 복음을 선포한 것이 아니었다. 그렇다. 회당 안에서도 기적이 있었지만, 제자들이 길을 가고 있을 때 더 많은 기적이 일어났다. 하나님은 교회 안에서 기적을 보기 원하시듯, 우리의 일상 가운데서 기적을 일으키는 것에도 관심을 갖고 계신다.

> 예수님을 주와 구원자로 고백하고 선포한 자라면 누구나 베드로와 요한처럼 온전치 못한 자들을 회복시키고 치유하는 사역을 할 수 있다.

하나님의 샬롬

사도행전 3장에서 걷지 못하는 자가 치유된 것은 샬롬의 진정한 의미를 보여 준다. 그것은 하나님의 흠 없고 완전한 언약의 축복이다. 신약의 또 다른 용어 '소조'(sozo)는 종종 '구원'(salvation) 또는 '해방'(deliverance)을 의미한다. 소조를 경험하는 것은 치유되고 해방되고 자유케 된다는 의미이다. 다시 말해, 샬롬을 경험하는 것이다.

여기에서 우리는 태어날 때부터 트라우마를 안고 살아가는 자에 대해 살펴볼 것이다. 그는 오늘날 우리가 선천적 장애라고 일컫는 것을 안고 태어났다. 그는 자기 힘으로 걸을 수 없는 사람이었다. 당시 유대 문화에서는 장애가 있는 것을 저주받은 것으로 여겼다. 그는 태어난 순간부터 장애를 지녔을 뿐 아니라 저주받은 존재와 다름없었다.

당시에는 선천적 장애를 부모의 죄로 인한 결과로 여겼다. 따라서 그 사람만 저주받은 것이 아니라 그의 부모 또한 수치의 옷을 입고 있었다. 그 당시 문화 속에서 그가 할 수 있는 것은 오로지 거리에 앉아 구걸하는 일뿐이었다.

그런데 이 남자가 성전 입구에 자리잡은 것을 보면 분명 기지가 있는 사람이었다는 것을 알 수 있다. 유대인들은 날마다 성전에 가서 하나님을 경배해야 했다. 따라서 성전 입구는 연일 문전성시를 이루었다. 게다가 유대인의 율법에는 한 가지 조항이 있었는데, 가난한 사람에게 자선을 베풀면 하나님을 경배하는 것과 같다는 것이었다. 이런 이유로 성전에 들어가는 유대인이라면 누구나 이 남자에게 적선함으로 하나님을 경배하고 길을 갈 수 있었다.

유대인의 율법은 신체에 결함이 있을 경우 성전에 들어가서 하나님을 경배할 수 없다고 규정한다. 따라서 나면서부터 걷지 못한 이 사람은 성전에 들어갈 수 없었다. 그는 당대 문화의 영적인 생활과 단절되어 있었다. 흥미로운 것은 이 남자가 날마다 성전 문에 앉아 있었다면, 분명 과거에도 베드로와 요한이 그의 곁을 지나갔을 것이라는 점이다. 또한 예수님뿐 아니라 다른 제자들도 그의 곁을 지났을 것이다. 이것은 하나님의 타이밍을 잘 보여 준다.

많은 이들이 다른 사람들을 치유하려 애쓰지만, 치유가 일어나지 않는 모습을 수차례 보게 되면서 의문을 갖게 된다. 지금도 많은 사람들이 해결되지 않는 육신의 문제로 어려움을 겪으며 몸부림치고 있다. 왜 이런 일이 있는 것인가? 완벽한 타이밍을 위해 하나님이 치유를 보류하고 계시는 것이라는 말이 아니다. 타이밍이 하나님의 손에 달려 있다는 뜻이다. 하나님이 누군가를 우리 앞에 두시고 행동하라고 말씀하시는 순간, 우리는 순종의 부르심을 받는 것이다.

만약 내가 외상 후 스트레스 장애를 앓고 있는 남자를 위해 기도하라는 랜디의 요청을 거절했다면, 하나님과 함께 중요한 일을 시작할 수 있는 기회를 놓쳤을 것이다. 그것은 분명 내게 놀라운 특권이었다. 베드로와 요한은 걷지 못하는 남자의 곁을 지나는 순간, 성령의 능력으로 그를 주시하고 치유에 대한 감동을 받았을 것이다.

말씀에 따르면, 베드로는 그에게 "우리를 보라"고 지시했다. 구걸하는 자들은 성전에 들어오는 사람들을 쳐다보지 못하게 되어 있었다. 따라서 그는 머리를 숙인 채 땅을 바라보고 있었을 것이다. 베드로가 그에게 고개를 들라고 말하자 그는 믿음을 가지고, 곧 베드로에게 돈을 받으리라 기대하며 고개를 들었다.

이 사람에게는 오늘날 주일마다 교회에 앉아 있는 성도들보다 더 큰 믿음이 있었다. 한 번도 교회에 가보지 않은 사람을 치유하는 것이 더 수월한 경우가 있다. 그들에게는 하나님께 많은 것을 기대하지 말라고 가르치는 종교의 견고한 진이 없기 때문이다. 절박한 그들은 그게 무엇이든 받게 될 것이다. 그래서 교인들보다 세상 사람들을 위해 기도하는 것이 더 쉬울 때가 있다.

이어지는 장면은 매우 흥미롭다. 베드로의 선포로 그곳의 분위기가 완전히 바뀐다. 베드로는 걷지 못하는 자에게 자신에게는 돈보다 더 좋은 것이 있다고 말한다. 그는 돈만큼 예수 이름의 권세가 실제적이라고 믿었다. 걷지 못하는 자에게 필요한 것은 은과 금이 아니라 그의 삶에 치유와 회복을 가져오는 예수 이름의 권세였다.

여기서 한 가지 질문이 있다. 당신이 예수 이름을 선포할 때마다 얼마나 능력이 나타나는가? 나는 그 힘이 매우 강력하다는 것을 안다. 원수는 무함마드나 부처의 이름을 저주의 언어로 사용하지 않지만, 예수 이름으로는 저주한다. 그만큼 그 이름에 능력이 있기 때문이다. 따라서 우리가 성령의 권세가 담긴 예수 이름을 사용할 때, 우리가 처한 모든 상황에 능력을 풀어 놓는 것이다.

걷지 못하는 남자는 눈을 들어 베드로를 바라보며 손을 내밀었다. 그가 기대한 것은 돈이었다. 그러나 그는 돈 대신 치유를 받았다. 베드로가 그의 손을 잡자, 그는 벌떡 일어나 생전 처음 두 발로 섰다. 그리고 걷고 뛰며 하나님을 찬양했다. 한동안 아파서 누워 있어 본 사람이라면, 다시 걸을 수 있는 힘이 생기기까지 몇 주가 걸린다는 사실을 알 것이다. 이 남자처럼 평생 걸어 본 적이 없다고 상상해 보라.

> 우리가 성령의 권세가 담긴 예수 이름을 사용할 때, 우리가 처한 모든 상황에 능력을 풀어 놓는 것이다.

그가 경험한 것은 창조의 기적이었다. 그의 근육과 힘줄과 관절이 온전해져서 일어나기만 하고 끝난 것이 아니었다. 그는 걷고 뛰기도 하며 하나님을 찬양할 수 있었는데, 이 세 가지 행위는 하나님의 '샬롬'을 상징한다. 다시 말해 온전하게 살아간다는 의미의 평안이다. 걷는 것은 육체적으로 치유되었음을, 뛰며 하나님을 찬양한다는 것은 감정적으로 치유되었음을 의미한다. 자신이 받은 치유가 베드로나 요한이 아닌 하나님으로부터 난 것이라는 사실을 알았기 때문에 그의 마음에는 기쁨이 있었다.

그가 걷고 뛰며 하나님을 찬양하는 치유의 순간, 또 다른 일이 일어났다. 그는 베드로, 요한과 함께 성전으로 갔다. 난생 처음 성전에 들어가서 하나님을 경배하고 기도한 것이다. 그의 영·혼·육은 예수 이름의 능력으로 치유받았다. 이것이 우리에게 중요한 이유는 무엇일까? 하나님이 모든 성도를 치유 사역자로 부르시며 찾고 계시기 때문이다.

하나님은 우리의 육체적 치유만 원하시거나 감정적 치유에만 관심을 갖고 계신 분이 아니다. 하나님은 우리의 모든 것을 치유하기 원하신다. 요한은 요한삼서 2절에서 이렇게 말한다. "사랑하는 자여 네 영혼이 잘됨 같이 네가 범사에 잘되고 강건하기를 내가 간구하노라." 이것이 바로 우리 모두를 향한 하나님의 마음이다.

하나님은 우리의 예상을 뛰어넘는 분이시다. 우리의 삶을 향한 하나님의 계획을 안다고 생각하는 순간에 나타나셔서 더 많은 것을 주시는 분이다. 내가 하나님께 쓰임 받아 세계 도처에서 외상 후 스트레스 장애로 고통받는 사람들을 치유하는 사역을 하게 될 것이라고는 상상도 하지 못했다. 이렇게 하나님께 쓰임 받는 것은 하나님이 나에게 주신 특권이다.

우리 가족의 이야기

나의 아버지와 세 명의 삼촌은 제2차 세계대전에 참전하셨다가 돌아오셨다. 귀향한 그들은 정신적 외상을 입어 예전과 같지 않았다. 외상 후 스트레스 장애와 관련하여 현역 및 퇴역 군인들에게는 오명이 붙는다. 그들이 장애연금을 목적으로 이러한 질환을 호소하는 것이라고 비난하는 경우가 있는데, 사실은 그렇지 않다.

전에 어떤 하원의원과 군 복무로 인한 외상 후 스트레스 장애에 대해 이야기를 나눈 적이 있다. 그의 아버지도 제2차 세계대전에 참전했다가 돌아왔다는데, 그것에 대해 이야기한 적도 없고, 모든 것이 괜찮았다고 한다. 그래서 그런지 그는 너무 많은 관심이 외상 후 스트레스 장애 문제에 쏠리고 있다고 생각했다.

나는 그의 이야기를 듣고 이렇게 대답했다. "제가 아는 바로는 남녀를 불문하고 많은 사람들이 외상 후 스트레스 장애로 심각하게 고통받고 있습니다. 그들은 그저 나아지기를 바랄 뿐입니다. 사실 그들은 외상 후 스트레스 장애라는 꼬리표를 원치 않습니다. 그것은 약함의 상징이기 때문입니다. 그들이 겪은 트라우마는 정상적인 생활을 할 수 없을 정도로 삶에 큰 영향을 끼칩니다."

이어서 우리 가족의 이야기를 했다. 큰아버지인 조지 분 허칭스는 진주만 공습 직후 군에 입대했다. 그의 부대는 북아프리카에 첫 번째로 파병되었는데, 그는 연합군의 포격에 부상을 입고 고향으로 돌아와서 뉴저지 군 병원의 정신과 병동에 입원하였다. 전쟁 신경증(병사가 전투 상황에서 신체적·정신적으로 견딜 수 없는 한계까지 도달했을 때 심한 불안에 이르러 전투능력을 잃은 상태로, 불면과 신경과민, 떨림, 실신 등의 증상이 나타난다 – 역자 주) 때문이었다. 그는 병원에서 3년을 보냈지만, 현역으로 복귀할 수 없었다. 그래서 '병역 의무가 불가능하다는 의학적 근거' 또는 '명예로운 군사적 업적'으로 퇴원한 것이 아니라, 문자 그대로 그냥 퇴원했다.

전쟁 후 수년이 지나도 연방정부는 참전 군인들을 괴롭히는 트라우마의 영향력을 반박하고 외면했다. 현역 또는 퇴역 군인들이 자신들의 문제를 공유하면 나약한 것으로 여겼다. 〈패튼 대전차 군단〉(제2차 세계대전 당시 북아프리카 전선에서 독일 부대와 맞서 혁혁한 전과를 올린 패튼 장군에 대해 다룬 작품 - 역자 주)이라는 영화에도 주인공 패튼이 전투에 지친 젊은 군인을 때리며 겁쟁이라고 욕하는 장면이 나온다.

큰아버지는 제대 후 고등학교 동창과 결혼했지만, 1년도 안 되어 이혼하고 평생 알코올 중독자로 사셨다. 혼자가 된 큰아버지는 우리 가족이 사는 피오리아로 이사했는데, 내게 제2의 아버지와 같은 존재가 되었다. 그는 참으로 훌륭하고 자상한 사람이었지만, 특정한 일이 발생하면 갑자기 돌변하여 걷잡을 수 없이 분노했다. 우리는 종종 큰아버지가 싸움을 벌인다는 말을 전해 듣곤 했다. 그런 일이 일어난 뒤, 그는 몇 주간 스스로를 고립시켰다.

아홉 살 때, 아버지와 함께 안부를 확인하러 큰아버지의 트레일러에 찾아간 적이 있다. 아버지가 문을 두드리자, 당시 폐기종을 앓고 있었던 그는 목청껏 소리를 지르며 우리와의 인연이 끝이라고 선언하며 우리를 죽이겠다고 위협하기까지 했다. 그날 트레일러 뒤에서 큰아버지의 모습을 보고 놀라 울었던 기억이 지금도 생생하다. 아버지는 큰아버지가 그렇게 된 것이 모두 전쟁 때문이라고 설명했다. 다행히 큰아버지는 뒤늦게 구원을 받고 주님의 품에 안기셨다.

나는 그가 어떤 일을 겪었는지 안다. 여러 연구 자료들이 중독과 트라우마의 깊은 연관성을 보여 준다.[2] 내적 치유 운동을 하는 우리도 이 사실을 수년간 인지해 왔다.

모든 중독은 사람들이 해결하려고 애쓰는 트라우마와 관련이 있다. 다행스럽게도 지금은 그 연관성을 밝히는 연구 자료들이 많다. 또한 중독을 다루는 전반적인 치료도 행동 중심에서 트라우마 중심으로 옮겨 가고 있다. 관련 분야의 전문가들은 대부분의 충동적 행동이 일종의 트라우마와 연관이 있다고 인식한다. 이 문제와 관련해서 여전히 배워야 할 것이 많다.

내게 가르침을 주시는 하나님께 감사드린다. 하나님과 나에게 사역의 기회를 준 사람들 덕분에 나는 트라우마로 얼룩진 인생이 사랑의 하나님께 만지심을 받고 치유되는 것을 목도할 수 있었다.

다음 장에서는 트라우마를 영혼의 상처로 이해하고, 그것이 몸과 마음에 어떤 영향을 끼치는지 살펴볼 것이다. 나아가 정신적 외상을 입은 자들을 괴롭히는 사탄의 전략과 다양한 간증들을 통해 치유기도가 어떻게 하나님의 마음을 계시하고 전인적인 치유를 가져오는지 살펴볼 것이다.

Supernatural Freedom from the Captivity of Trauma

트라우마를 영혼의 상처로 이해하기

Chapter 2

Chapter 2 트라우마를 영혼의 상처로 이해하기

인생을 살아가는 사람들은 대부분 일종의 트라우마를 경험한다. 이번 장에서는 외상 후 스트레스 장애(PTSD)의 신호와 징후를 자세히 살펴볼 것이다. 한두 가지 징후만 가지고 외상 후 스트레스 장애를 단정 지을 수는 없다. 외상 후 스트레스 장애는 여러 증상이 복합적으로 영향을 끼침으로, 건강하고 생산적인 삶을 살지 못하도록 불안장애를 일으킨다.

> 외상 후 스트레스 장애는 외상적 사건에 대한 일반적 반응으로, 대부분의 사람들이 수개월 내에 회복된다. 그러나 상당수의 소수집단에서 그 징후가 지속되는데, 종종 몇 년이 걸리기도 한다 … 과거에 일어난 개인의 외상적 사건이 현재에 심각한 위협이 되면서 외상 후 스트레스 장애가 지속되는 것이다.[3]

외상 후 스트레스 장애는 심각한 폭력이나 자연적·비자연적 재해, 사고, 군사 전투와 같은 외상적 사건에 의해 촉발된다. 전쟁을 경험한 군인들은 물론이고, 생명의 위협을 겪은 자들 모두 외상 후 스트레스 장애로 발전할 수 있다. 9.11 테러와 같은 각종 참사의 구조대원, 사고나 성적 학대나 그 외 범죄 현장의 생존자, 전쟁 난민, 허리케인이나 홍수, 지진 등 자연재해의 생존자와 앞에서 언급한 사건들을 목격한 자나 그의 가족 구성원 등 누구나 예외 없이 외상 후 스트레스 장애를 겪을 수 있다. 그리고 이것은 사람들의 일상생활 능력에 심각한 장애를 초래할 수 있다.

외상 후 스트레스 장애의 특징과 징후

| 플래시백(역사적인 장면 혹은 과거의 경험이 갑작스럽게 떠오르는 현상 - 역자 주)

외상 후 스트레스 장애 환자들은 일상생활 중 과거의 외상적 사건을 순간적으로 회상시키는 경험이나 행위가 떠오를 때 분노하게 된다. 누구나 살면서 오감으로 어떤 것을 경험하고 나면, 순간적인 회상이 일어나 과거의 시점으로 돌아가는 경우가 있다. 이때 우리는 현실로부터 예전의 경험 속으로 들어간다.

예를 들어, 어떤 냄새가 나면 그 냄새와 관련된 외상적 경험이 일순간에 떠오른다. TV나 외부에서, 또는 군중 속에서 무언가를 보는 것만으로도 힘든 기억이 연상될 수도 있다. 퇴역 군인은 폭죽과 같은 소리에도 전쟁터를 연상할 수 있다. 참고로 외상 후 스트레스 장애로 고통받는 퇴역 군인들의 자살 발생률이 가장 높은 날이 7월 4일(독립기념

일)이라고 한다.

　이렇게 순간적으로 회상이 일어나면 통제할 수 없을 것 같은 느낌이 든다. 그 다음에 어떤 일이 일어날지는 예측할 수 없는데, 이것은 가공할 만한 불안을 야기한다. 수많은 외상 후 스트레스 장애 환자들은 스스로 고립되어 외부활동을 거의 하지 않는다. 그들은 광장공포증 때문에 자신이 안전하다고 느끼는 장소에 머무르며 절대 밖으로 나가지 않는다.

　한번은 74세 여성이 찾아와서 기도를 요청했다. 그녀는 어린 시절 부모에게서 신체적·성적 학대를 받고 자라다가 10대 시절에 가출하여 밤에 일을 다녔다고 한다. 그러던 어느 날, 일을 마치고 귀가하는 길에 강간을 당했다. 그녀는 오랫동안 이 모든 일을 숨기고 도피의 방편으로 일에 전념했다.

　그러다가 매맞고 학대당하는 여성들과 함께 일하게 되면서 과거의 기억이 계속 떠올랐다. 그때부터 그녀의 건강은 악화되어 다발성 경화증과 기능성 신경장애 진단을 받았고, 급기야 노인용 전기스쿠터가 없으면 외출할 수 없을 정도가 되었다. 그러다가 친구의 권유로 컨퍼런스에 참석하여 치유받았다. 다음은 그녀의 고백이다.

:

　이것이 제 영과 마음에 돌파를 일으켰습니다. 저는 하나님의 손에서 안전함을 느꼈고, 마치 깨끗하고 투명한 유리창으로 진실을 마주보는 것 같았습니다. 저는 전적으로 이것이 성령의 역사라고 고백할 수 있습니다. 언제나 하나님이 영광을 받으십니다. 하나님은 친밀하게 저의 여정에 함께하셨고, 제 몸과 마음에 실제적 요새를 형성한 외상 후 스트레스 장애를 치유하시기 위해 돕는 자들을 보내 주셨습니다. 그로 인해 제 마음이 해로운 기억에서 해방되었습니다. 하나님은 제게 용서를 말씀하셨습니다. 그분은 제가 이 문제를 해결하고 가해자들을 용서하는 자리로 나아갈 준비가 되어 있다는 사실을 알고 계셨습니다.

저는 8개월간 약물 없이 지내다가, 최근에 더 이상 치료를 받지 않아도 된다는 판정을 받았습니다. 다발성 경화증과 기능성 신경장애도 사라졌습니다. 하나님은 저의 뇌에 새로운 길을 여셨습니다. 제 몸은 이제 강건해져서 사람들의 도움이나 전기스쿠터, 보행기, 지팡이 없이도 지낼 수 있게 되어 가까운 거리는 자전거를 타고 다니기도 합니다. 그분만 아니라 오랫동안 저를 괴롭히던 거절감에서 벗어나 자유를 얻었습니다. 모쪼록 여러분이 하나님과 함께 다음 단계로 나아가는 데 저의 이야기가 도움이 되었으면 합니다. 그분이 여러분을 보호하십니다.

| 악몽

외상 후 스트레스 장애 환자는 악몽이나 생생한 기억에 시달리는데, 이러한 일들이 깨어 있을 때뿐 아니라 잠을 자는 중에도 일어난다. 퇴역 군인이나 응급의료 요원의 경우, 전쟁터나 봉사 현장에서 겪은 사건과 관련된 악몽을 꿀 수도 있다. 또한 일반인들도 이러한 종류의 악몽을 꾼다.

퇴역 군인들은 생생한 악몽을 꾸며 허우적거리다가 안간힘을 쓰며 깨는 일이 많다. 때로 악몽 속에서 사람을 때리기도 하는데, 실제로 그들의 배우자를 때리는 경우도 있다. 내가 기도해 준 사람들 중에는 배우자의 목을 조르다가 깨어난 사람들도 있었다. 최악의 경우 그러한 일들로 인해 이혼하는 경우도 있다. 이렇게 야경증을 겪다 보면 식은땀이 나서 침대가 땀으로 흠뻑 젖기도 한다.

한때 짐바브웨, 잠비아에서 교회를 개척하는 목사님과 남아프리카에서 함께 지낸 적이 있다. 그는 군복무 시절의 트라우마로 악몽을 꾸다 일어나면 달리곤 했는데, 한밤중에 밖으로 뛰쳐나가 어디인지 모를 정글 속에서 정신이 들곤 했다. 그의 아내는 그가 잠에서 깨어 벌떡 일어나 그녀를 공격한 이야기를 해 주었다. 나는 그를 위해 기도해 주었고, 하나님께서 그를 완전히 치유해 주셨다.

| 정서적 무감각

외상 후 스트레스 장애의 세 번째 특징은 관심 있던 것에 무감각해지고 흥미를 잃어버린다는 것이다. 이런 일이 발생하면, 사람들은 자기 자신과 분리된 듯한 느낌을 갖게 된다. 그들이 좋아하거나 즐기던 것들에 이제는 아무것도 느껴지지 않는다. 그들은 어떤 것에도 느낌이 없다. 느껴지는 감정이라고는 분노와 격분뿐이다.

그들은 시체 같은 상태가 되어 그 어떤 것에도 흥미나 행복, 슬픔조차 느끼지 못한다. 이것은 자기 자신과 분리되는 것과 같아서 자신의 삶은 물론 다른 사람들과 교감도 할 수 없게 된다. 항상 멍하고 감각이 없어 자살의 영이 깃들기에 최적의 상태가 된다.

| 우울, 불안, 과민

우울, 불안, 초조, 신경과민 또한 외상 후 스트레스 장애의 징후들이다. 신경이 과민한 사람은 주변 사람들로 하여금 살얼음판 걷듯 눈치를 살피게 만든다. 이렇게 과민한 상태에서는 아주 사소한 것만으로도 감정이 일어날 수 있다.

그들은 종종 물건을 던지거나 타인을 물리적으로 학대할 수도 있다. 그리고는 후회하며 양심의 가책을 느끼는데, 자신도 모르는 사이에 분노가 폭발하기 때문이다. 그런 일이 반복되다 보면, 인생이 지옥처럼 느껴지면서 우울증이 찾아온다.

| 과잉경계

외상 후 스트레스 장애의 또 다른 특징은 과도하게 경계하고 잠재적인 위협을 의식하는 것이다. 군인이나 응급의료 요원의 경우 이것은 정신적인 훈련의 일부이다. 그런데 이런 훈련은 습관이 되면 쉽게 떠나지 않는다. 군복무를 마치고 귀향한 사람에게 전투 훈련의 스위치는 여전히 켜져 있다. 그러나 전쟁터에서와 달리 민간인이 된 사람에게 이것은 불편한 과제로 남을 수 있다.

이러한 훈련은 사람을 편집증 환자로 만들 수 있다. 그래서 항상 무슨 일이 일어날 것이라 생각하고, 어디가 되었든 새로운 공간에 들어가면 주위를 살피며 위협에 대비하여 문을 등지고 앉지도 못한다. 누가 위협을 가할지 모르기 때문에 대중 속에 있는 것도 힘들어 지나친 경계심을 안고 살 수 있다. 어디에 있든 안식처가 아니라면 위협이 될 만한 요소들을 경계하는데, 이것은 스트레스 및 편집증으로 이어지거나 어디에 있어도 안전하지 않다고 생각하게 만든다.

| 만성 신경통

외상 후 스트레스 장애 환자는 만성 신경통을 경험할 수 있으며, 그 고통은 몸의 특정 부위에 한정되지 않는다. 이것은 섬유근육통으로 분류될 수 있는데, 신경체계에 생긴 일종의 염증 감각이다. 재향군인 관리국에서는 트라우마가 갑상선과 같은 분비선을 포함해 부신 및 내분비계에 영향을 주어 호르몬의 불균형을 일으키고, 정기적으로 호르몬을 방출하게 만들어 신경통을 일으킨다고 설명한다.

군대의 훈련은 부신을 지속적으로 작동하게 한다. 이렇게 갑상선이 자극을 받으면, 뇌의 편도체(측두엽 내측에 있는 신경핵의 집합체 - 역자 주)를 자극하고, 그것은 투쟁-도피 반응(긴박한 위협 앞에서 자동적으로 나타나는 생리적 각성 상태 - 역자 주)에 관여한다. 시간이 지나면서 이것은 신경계에 영향을 주어 염증과 만성 신경통을 초래한다.

나는 섬유근육통 환자를 대상으로 사역할 때, 얼마나 오랜 기간 통증이 있었는지, 만성 신경통이 생기기 직전에 어떤 일이 있었는지 물어 본다. 그러면 열에 아홉은 만성 신경통이 생기기 전에 트라우마를 겪었음을 알 수 있다.

| 불면증

수면장애와 불면증은 외상 후 스트레스 장애의 또 다른 특징이다. 트라우마 환자들은 한 번에 조금밖에 잘 수 없는데, 대부분 하루에 세 시간도 못 잔다. 한동안 수면제를 복용한 경험이 있는 아내는 세상에서 제일 잔인한 고문은 잠을 자지 못하게 하는 것이라고 하였다. 수면 부족처럼 사람을 힘들게 만드는 것은 없다.

안정적으로 수면을 취하지 못하는 사람들을 생각해 보라. 그들은 밤에 잠을 자지 못하고, 가끔 배회도 하며, 고통을 느끼기도 한다. 어쩌다가 숙면을 취하더라도, 그날의 트라우마에서 벗어나지 못하면 여전히 괴롭다.

| 집중력 장애

외상 후 스트레스 장애의 또 다른 특징은 한 가지에 집중하지 못하는 것이다. 나는 오랫동안 전쟁에서 훌륭하게 임무를 수행한 사람들을 위해 기도해 왔다. 군복무가 끝나면 그들의 정신 상태가 변화되는데, 주로 마음이 혼란스럽고 우울해진다. 그들은 집중하지도, 어떤 것을 명확하게 이해하지도 못하게 된다. 우편함에는 체납 고지서가 쌓이고, 집은 엉망이 되며, 모든 것이 혼란스러운 상태가 되는데, 이것은 모두 트라우마 때문이다. 다음은 한 남자가 치유받은 이야기이다.

저는 전쟁에서 부상당하고 몇 년 동안 외상 후 스트레스 장애를 앓고 있는 퇴역 군인으로, 오랫동안 우울증과 불안, 만성 통증으로 괴로워 밤에 잠도 잘 수 없었습니다. 이 모든 것 때문에 우울감에 빠지고 인간관계도 단절되었습니다. 때로는 집중하거나 논리적으로 생각할 수도 없었습니다. 대학원 공부를 하는 동안 쇠약해져서 학교를 중퇴했고, 하던 일도 그만둬야 했습니다.

그러다가 마이크를 만나게 되었는데, 그는 저의 영·혼·육의 치유를 위해 기도해 주었습니다. 그가 저의 영혼을 위해 기도할 때, 저의 손을 가슴 위에 얹게 했습니다. 그리고 예수님께 다시 한번 저의 죄를 자백하며 삶을 드리는 시간을 가졌습니다. 그런 다음, 마이크는 저에게 손을 머리에 얹으라고 한 뒤 저의 정신과 뇌의 특정 부위들의 치유, 그리고 제가 복합적인 상처와 고통에서 벗어나기를 기도했습니다.

마이크에게 기도받은 순간부터 저는 완전히 다른 사람이 되었습니다. 지금은 정신이 맑아져서 숙면을 취할 수 있게 되었고, 악몽도 사라져 수면제를 복용할 필요가 없습니다. 저는 새사람이 되었습니다. 아직까지도 통증이 있기는 하지만, 예전 같지 않습니다. 이제 저는 하나님이 저를 사랑하시며, 결코 떠나지 않으신다는 사실을 압니다. 하나님이 저를 구원하셨습니다.

중독

외상 후 스트레스 장애 환자는 종종 알코올이나 약물, 포르노에 중독되어 무감각해진다. 사실 대부분의 사람들이 트라우마를 해결하기 위해 알코올이나 합법적·비합법적 약물을 사용한다. 또 많은 남자들이 트라우마에서 벗어나기 위해 포르노에 빠진다.

전에 어떤 성공적인 사업가를 위해 기도할 기회가 있었는데, 그때 또 다른 중독이 있다는 사실을 알게 되었다. 트라우마에서 벗어나기 위해 성공에 집착하다가 일중독에 빠지는 것이다. 그들은 불굴의 의지로 일주일에 80시간씩 일한다. 실제로 많은 사람들이 심각한 트라우마에 시달리는 가운데 쉼 없이 일하며 위안을 얻는다.

| 약물 과다복용

특별히 퇴역 군인과 관련해서 우리가 알아야 할 것은, 재향군인관리국이 외상 후 스트레스 장애를 치료가 불가능한 증상으로 여긴다는 사실이다. 그들은 주로 약물이나 대응기제(대처하기 어려운 위협, 도전, 위험 등에 처해 있을 때, 이에 대처하는 생리적·심리적·사회적 수준에서의 반응양식 – 역자 주), 상담 등을 활용한다.

외상 후 스트레스 장애 환자들이 이런 식으로 치료받게 되면, 약물에 대한 내성이 생기게 되어 계속 약물을 바꿔야 한다. 그러다 보면 그들은 무기력해지고 무감각해지기 시작한다. 나는 매일 알약 60정을 복용하는 남자의 간증을 들었다. 그는 약물 부작용을 해결하기 위해 또 다른 약을 복용했다. 나는 약물 사용을 반대하는 것이 아니다. 다만 이런 방식, 다시 말해 처방약들에 중독될 때까지 복용하는 것은 바람직하지 않다는 것이다.

| 자살

수많은 외상 후 스트레스 장애 환자들은 자신이 타인에게 해가 되고 있다고 생각하여 자살 충동에 시달린다. 사악한 자살의 영은 이렇게 말한다. "인생은 지옥이야. 너는 쓸모없어. 그러니 그냥 죽어."

오늘날 미국에서는 매일 평균 22명의 현역 및 퇴역 군인이 자살하고 있다. 이라크나 아프가니스탄의 전쟁터에서보다 더 많은 군인들이 자살로 목숨을 잃고 있는 것이다. 이것은 모두 외상 후 스트레스 장애 때문이다. 군사 기지 주변에서 총성이 들려오면, 트라우마로 소망을 잃은 사람이 방아쇠를 당겼을 것이라는 확신이 든다.

'경찰에 의한 자살'이라는 것도 있는데, 이것은 살 소망을 잃은 퇴역 군인이 거주하는 곳에서 일어난다. 그들은 자살하고 싶지만, 그렇게 하면 가족이 보상금을 받지 못한다는 사실을 알고 있다. 그래서 타인에게 총을 겨누는데, 그러면 경찰이 출동한다. 그 다음에 그들이 경찰을 향해 총을 겨누면, 경찰이 그들을 쏜다. 안타깝게도 이런 사건이 급속히 확산되고 있는 곳에 군사 기지가 있는 경우가 많다.

| 고립

외상 후 스트레스 장애 환자는 내면에서 일어나고 있는 일을 극복하기 위해 이따금씩 다른 사람들과 멀리 떨어져 지낸다. 이러한 종류의 고립은 대개 비극으로 결말을 맺는다. 최악의 상처는 눈에 보이지 않는 것일 수 있다.

오늘날 많은 이들이 외상성 뇌손상으로 고통받고 있다. 자살 사건

가운데 18-20%가 외상성 뇌손상을 경험한 경우인데, 이 또한 외상 후 스트레스 장애의 일부이다. 이 모든 것은 참으로 우울한 일들이다. 그러나 예수 이름에 소망과 치유가 있다. 다음은 소망과 치유의 간증이다.

⋮

저는 아버지에게 학대를 받으며 자랐고, 결혼 후에는 남편에게서 학대를 당했습니다. 어린 시절부터 충격적인 경험을 한 저는 거의 평생 야경증에 시달렸습니다. 40년 넘도록 밤에 잠을 제대로 잘 수 없어서 주기적으로 탈진이 찾아왔습니다. 남편은 결국 자살했는데, 그 또한 저에게 큰 트라우마가 되어 야경증이 지속되었습니다.

그러다가 지인의 권유로 외상 후 스트레스 장애 치유 훈련을 받게 되었습니다. 훈련은 큰 도움이 되었지만, 수년간의 집중적인 치료에도 불구하고 여전히 무언가가 저를 괴롭히고 있다는 사실을 깨달았습니다. 거기에서 벗어날 수도, 잠을 잘 수도 없었습니다. 그러다가 혼의 묶임(soul ties)을 끊는 것이 외상 후 스트레스 장애 치유의 한 부분이라는 것을 알게 되었습니다. 저는 트라우마로 부서진 마음의 조각들을 모두 살펴본 후 마침내 남편과 아버지에게 얽혀 있던 혼의 묶임을 끊었습니다.

저는 그날 밤 처음으로 숙면을 취했습니다. 참으로 달콤한 축복이었습니다. 다음 날 아침에 단기기억이 회복되었는데, 그것은 생각지 못한 보너스였습니다. 저는 더 이상 미칠 것 같지 않았습니다. 아침에 일어날 때 피곤하지도 않았습니다. 드디어 자유로워진 것입니다. 이것은 전적으로 기적입니다. 저는 경외심에 사로잡혀 서 있었습니다. 지난 몇 년보다 그 순간이 훨씬 의미 있었습니다.

우리에게는 참으로 놀라운 대안이 있습니다. 그것은 이 훈련을 받고 주님을 신뢰하는 것입니다. 당신도 얼마든지 이 자유를 누릴 수 있습니다. 자유를 누리십시오. 저는 당신이 잘되길 바랍니다.

교회에서의 트라우마 치유

오늘날 미국 교회에서 큰 이슈가 되고 있는 것 중 하나가 정신건강이다. 이러한 가운데 교회는 정신적 트라우마를 위해 무엇을 하고 있는가?

은사주의와 오순절의 영향으로 우리는 대부분 정신적 트라우마와 정신질환을 축사의 범주로 분류하고, 정신장애가 있는 사람들이 악한 영에 들렸다고 단정지어 말한다. 그러나 이것은 사람들에게 크나큰 수치심과 절망감, 자격지심을 안겨 준다.

오늘날 교회는 마치 정신건강 문제를 다룰 필요가 없다고 결정한 것처럼 보인다. 그러한 문제에 시달리고 있는 사람들에게 무엇을 해 줘야 할지 모르기 때문이다. 이것은 그들이 생각하고 느끼고 선택하는 방식과 정체성을 치유하는 문제의 해답을 하나님께 구하지 않아서일 것이다.

대부분의 성도들은 성경을 읽고 열심히 기도하라고, 그리고 설교를 들으며 트라우마를 잊어버리라고 권한다. 이것이 수년간 일부 교회들이 트라우마에 시달리는 사람들에게 해온 말이다. 그러나 이것은 그들을 수치스럽게 만들 뿐이다. 그들은 완벽하고 온전한 기반 위에 계획된 삶을 살고 있지 않기 때문이다.

하나님은 정신건강 문제를 수면 위로 올리신다. 그분이 모든 문제의 해답을 갖고 계시기 때문이다. 군대 공동체뿐 아니라 응급의료 요원, 기독교 단체 등 사회 전반에 걸쳐 일어나는 자살에 대한 답이 하나님께 있다. 원수는 우리의 삶을 향한 하나님의 계획을 죽이고 멸망시키려 한다. 다행스러운 것은 하나님이 교회에 해답을 주시고 정신적 트라우마를 치유하신다는 사실이다. 우리의 첫 번째 의무는 이러한 해답을 인식하고 받는 것이다.

베드로와 요한은 나면서부터 걷지 못한 자에게 이렇게 말하였다. "일어나 걸으라." 우리에게도 정신적 트라우마를 안고 살아가는 자들을 치유하고 회복시키는 능력과 권세가 있다. 그런데 그것은 우리가 그들과 동행해야 한다는 뜻이다. 기도받기 위해 줄지어 서 있는 사람들에게 다가가서 "치유될지어다, 치유될지어다, 치유될지어다!" 하고 외치면 사람들이 쓰러지던 시대, 그들에 대한 사역은 이것이 전부이던 시대는 지났다.

사람들을 치유하는 초자연적 능력은 분명 있다. 하지만 치유가 일어난 이후에 우리는 그들과 함께해야 한다. 교회 안에 예수 이름으로 회복되는 과정을 통해 사람들과 더불어 나아가는 치유 공동체가 있어야 한다. 치유의 과정을 통해 누군가와 동행하는 것은 즉각적으로 효력이 나타나지 않는다. 회복하는 데는 어느 정도의 시간이 걸린다. 즉

시 회복되는 이들도 있지만, 대부분의 경우 시간이 필요하다.

　우리가 예수 이름으로 치유되는 과정 가운데 있는 사람들과 동행할 때, 예수 이름과 공동체에 능력이 있다. 조울증은 누구도 치유할 수 없는 절망적인 장애가 아니다. 조현병은 치유받을 수 없는 특별한 문제가 아니다. 알츠하이머, 치매와 같은 것들은 구제불능한 장애가 아니다. 우울증과 염려, 공황은 절망적인 질환이 아니다.

　사실상 우리는 사람들의 생각(mind)에 정보를 전달하는 데 집중하느라 그들의 마음(heart)에 일어나야 할 일을 무시한다. 교회는 그들의 머리에 치유와 관련된 정보를 지나치게 채우고 있는 반면, 그들을 하나님의 사랑에 대한 계시로 인도하는 것을 소홀히 한다. 이것은 마치 거대한 머리와 작은 심장을 가진 에일리언들을 양산하는 것과 같다.

　그러나 완전한 치유는 하나님의 사랑이 우리 마음을 채울 때 일어난다. 아무리 많은 정보를 제공하더라도, 그들의 가슴에 하나님의 사랑이 계시되지 않으면 변화도 없을 것이다. 그리고 그들이 공동체에서 그러한 변화를 경험하지 않으면, 완전한 치유도 없을 것이다. 이러한 종류의 변화만 단독으로 일어나지는 않기 때문이다.

　우리는 하나님이 창조하신 백성으로 기뻐하며 살아가야 한다. 그러나 그분은 우리가 슬픔과 분노, 상실감도 느끼도록 지으셨다. 우리는 영화 〈스타트렉〉의 스팍(지나치게 감정보다 이성을 중시하는 사람을 지칭하는 별명 - 역자 주)처럼 불쾌하고 부정적인 감정을 용납하지 않아야 모두가 행복해진다고 여기는 사람이 되어서는 안 된다.

> 완전한 치유는 하나님의 사랑이 우리 마음을 채울 때 일어난다. 아무리 많은 정보를 제공하더라도, 그들의 가슴에 하나님의 사랑이 계시되지 않으면 변화도 없을 것이다. 그리고 그들이 공동체에서 그러한 변화를 경험하지 않으면, 완전한 치유도 없을 것이다.

때로는 우리를 위해 기도해 주실 육신을 입으신 예수님이 필요하다. 누군가가 당신의 컨디션을 물을 때, 좋지 않은데도 좋다고 말하는 대신 이렇게 답하는 것도 괜찮을 것이다. "오늘은 힘드네요. 저를 위해 기도해 주시겠어요?" "오늘 정말 힘이 드네요. 도움이 필요해요. 하나님의 사랑을 전해 주실 수 있나요?"

샬롬, 즉 온전함은 우리가 진정한 자아의 모습을 찾을 때 가장 잘 나타나는 것 같다. 진정한 자아는 궂은 날을 살아 보지 않은 완벽한 사람이 아니다. 가장 건강한 마음은 문제를 겪어 보지 못한 자들이 아니라, 하나님 안에 거하는 자들에게서 발견된다. 이 말은 하나님이 우리의 영과 육을 돌보시는 만큼 우리의 마음과 마음의 건강도 돌보신다는 의미이다.

우리는 영혼의 대추수를 볼 수 있는 기회의 시대를 살아가고 있다. 우리 교회에 모이는 사람들은 대부분 거리의 사람들이다.

몇 년 전, 우리 정부는 정신질환자들에 대한 보호의 의무를 포기했다. 그들을 보살필 수 있는 장소 마련을 위한 기금을 삭감하여 그들을 거리로 내몰았다. 그들, 곧 정신질환자나 중독자, 외상 후 스트레스 장애를 앓는 퇴역 군인들은 현재 노숙자로 살아가고 있다. 하나님께서 이 안타까운 상황을 지켜보시며 이렇게 말씀하시지 않을까 생각한다. "나의 교회들은 어디에 있는가?"

진정으로 당신에게 예수님의 능력을 공동체 안으로 끌어들이려는 분명한 목적의식이 있다면, 트라우마를 수반하는 박해를 당할 수도 있다. 그럴 때 이어지는 질문은 다음과 같다. "당신은 그 트라우마를 어떻게 해결할 것인가?" 우리는 이에 대한 답을 사도행전에서 찾을 수 있다. 제자들은 매를 맞으면서도 담대하고 용맹스럽게 전진하여 하나님 나라를 확장해 나갔다. 그들은 투옥되고, 박해받고, 부상당하고, 돌에 맞고, 도시에서 쫓겨났다. 그러나 그 트라우마를 해결하기 위해 어디로 가야 치유와 회복을 받을 수 있는지 잘 알았다. 그들은 더 큰 공동체라고 할 수 있는 예수님과 성령님께 나아갔다.

사도행전 4장에서 사도들은 종교 지도자들 앞으로 끌려가 박해를 당하고, 예수 이름조차 부르지 말라고 강요당했다. 그들은 기도하기 시작했지만, 하나님께 자신들의 대적을 제거해 달라고 간구하지 않았다. 용서와 담대함, 그리고 예수 이름으로 나아가 복음을 전 세계에 전파할 수 있는 결단력을 구했다. 그런 다음 그들이 그곳을 떠나자, 놀라운 표적과 기사와 이적이 그들의 손에 임했다. 이것이 그들의 사명이자 우리의 부르심이다. 이 부르심을 성취하려면, 하나님의 샬롬을 경험하는 혼으로 살아가는 법을 배워야 한다.

소망으로 살아간다는 것은 무엇인가

우리는 어떻게 하나님의 샬롬 가운데 살아가는가? 우리가 샬롬의 자리에서 살아가고 있는지를 보여 주는 지표가 있다. 첫째, 샬롬 가운데 사는 자는 주님이 오셔서 모든 것을 회복시키실 것이라는 소망을 품고 살아간다.

1960년대 후반에서 1970년대 초반에 일어난 예수 운동(Jesus Movement)에는 근본적으로 소망이 없었다. 당시 사람들이 구원받은 것은, 예수님이 언제라도 다시 오실 수 있기에, 바로 지금 구원받지 못하면 땅(earth)이라는 지옥에 남겨질 것이라는 메시지를 들었기 때문이었다. 이것이 예수 운동의 메시지였다. 사람들은 예수님이 곧 돌아오시기를 기다리면서 휴거를 연습하는 등 광기 어린 짓을 행하곤 했다.

신용카드의 상용화가 시작될 무렵, 이스라엘에 가는 전도팀과 만남을 가진 적이 있다. 그때 이스라엘에 가고 싶으면 신용카드로 비용을 지불하고, 지급일 만기가 되기 전에 휴거가 일어나도록 기도하라는 이야기를 들었다. 이 소망 없는 메시지의 가장 큰 문제점은 하나님이 결코 그런 식으로 역사하시는 분이 아니라는 것이다. 하나님은 단순히 천국에 가게 하려고 우리를 구원하신 것이 아니다. 그분은 또한 이 땅에 천국이 임하게 하려고 우리를 구원하셨다. 이 사실을 깨닫지도 못한 채 우리를 이 땅에서 그렇게 속히 데려가기 원하실 리가 없다.

예전에 복층 주택을 건축한 사람을 만난 적이 있는데, 그는 예수 운동의 메시지에 사로잡혀 최대한 저렴한 자재로 집을 지었다. 그 집을 잠시 머물 곳이라고 생각했기 때문이다. 30년 후에 어떤 일이 일어났는지 아는가? 형편없이 지어진 그 건물은 처참하게 무너졌다. 그는 결국 목숨을 잃었고, 그의 아들들이 무너진 건물을 수습하고 있었다. 이런 것은 소망 없이 살아가는 모습이다.

불가능한 것을 가능하다고 믿기

하나님의 샬롬 가운데 살고 있다는 두 번째 지표는 불가능한 것이 가능해 보인다는 것이다. 불가능한 것이 가능해 보일 때, 하나님이 우리를 통해 불가능한 일을 행하시게 된다. 우리는 이와 같이 날마다 삶 가운데 기적이 일어나는 것을 보며 살아갈 수 있다. 이것이 성령의 능력이 우리 안에서 행하시는 일이기 때문이다.

예수님을 무덤에서 일으키신 그 성령께서 우리 안에도 거하신다. 우리가 모든 것이 예수님 안에서 가능하다고 믿는다면, 십자가의 영광 가운데 살아가도록 부름 받았다는 사실을 이해하게 된다. 매일 아침 하나님께는 불가능한 것이 가능하다는 사실을 인식하며 깨어난다. 이것이 온전하게 산다는 것의 의미이다. 온전하게 산다는 것은 우리에게 문제가 없다는 뜻이 아니라 치료와 회복의 근원을 안다는 뜻이다.

> 온전하게 산다는 것은 우리에게 문제가 없다는 뜻이 아니라 치료와 회복의 근원을 안다는 뜻이다.

로마서 8장 28-29절은 이렇게 말한다. "우리가 알거니와 하나님을 사랑하는 자 곧 그의 뜻대로 부르심을 입은 자들에게는 모든 것이 합력하여 선을 이루느니라 하나님이 미리 아신 자들을 또한 그 아들의 형상을 본받게 하기 위하여 미리 정하셨으니 이는 그로 많은 형제 중에서 맏아들이 되게 하려 하심이니라."

무슨 일이 있어도 하나님은 모든 것이 합력하여 우리로 예수 그리스도의 형상이 되게 하신다. 우리는 영광의 소망이신 그리스도의 형상을 지닌 자들로, 전 세계에 변화의 소망을 전하러 이곳에 있는 것이다.

PRAY

아버지, 예수 이름으로 교회를 위해 회개합니다. 우리가 건물을 짓는 데 힘을 쏟고, 우리의 일들만 하느라 분주하여 공동체의 상처받은 자들을 돌보지 못한 것을 회개합니다. 우리가 자기중심적이고 자만하며 우리의 안위만을 위해 살아 온 것을 회개합니다. 주님, 우리를 용서하소서. 우리를 치유하시고, 세상을 치유하는 통로가 되게 하소서. 하나님의 소망의 씨앗을 우리 안에 뿌려 주시고, 하나님 안에서 모든 것이 가능하다는 지식을 주소서. 우리를 샬롬의 자리, 곧 아버지 안에서 모든 것이 가능하다는 것을 믿는 믿음과 소망이 구비된 곳으로 인도해 주소서. 우리는 대추수의 일꾼으로 세상을 향해 전진할 것입니다. 예수님의 이름으로 기도합니다. 아멘.

Supernatural Freedom from the Captivity of Trauma

트라우마에 대한 성경적 이해

Chapter 3

Chapter 3 트라우마에 대한 성경적 이해

성경에서 트라우마로 고통받은 사람 중 한 명이 다윗이다. 다윗은 시편 34편 18절에서 이렇게 말한다. "여호와는 마음이 상한 자를 가까이 하시고 충심으로 통회하는 자를 구원하시는도다." 마음이 상한다는 것은 산산조각 난다는 뜻이다.

거울을 가져다가 바닥에 던지면 산산이 부서진다. 그리고 그렇게 깨진 파편들에 얼굴이 비친다. 이것이 바로 다수의 사람들이 트라우마에 대응하는 방식이다. 그들은 자신의 내면이 깨어졌다고 느낀다. 너무 깊은 상처를 입었기 때문에 과거에 일어난 사건이나 자신들이 저지른 일에 대한 책임감을 느끼면서 수치심과 죄책감으로 마음의 벽을 쌓는다.

이들은 더 이상 상처받고 싶지 않기 때문에 자신들의 깨어진 마음을 보호한다. 또한 사람들 속에서 행복한 척하거나 역할이라는 가면을 쓰기도 한다. 그러나 사실상 깊은 상처로 인해 스스로 벽을 만들어 그 뒤에 숨어 버리기 때문에 아무도 그들의 진짜 모습을 보지 못한다.

일부 역본에서는 "충심으로 통회하는"을 "참회하는 마음 또는 영이 있는"(contrite in heart or spirit)으로 번역하여 죄를 뉘우치는 참회자의 마음을 담는다. 히브리어 어근인 '다카'(daka)는 '부수다, 으깨다, 회개하다, 뉘우치다'라는 뜻이다. 이처럼 우리가 으깨지고 부서지게 되면, 본 것이나 짊어지게 되는 것의 무게가 너무 무거워서 번번이 마음이 무너지게 된다. 나는 자신들이 짊어지고 있는 것을 떨쳐 내는 법을 알지 못하여 그 무게로 인해 마음이 무너진 사람들의 이야기를 듣는다.

> 우리가 아무리 심각한 트라우마를 겪어 마음이 산산조각 나도, 하나님이 상심한 자들을 고치시는 분이라는 소망과 약속이 있다. 하나님은 산산이 부서진 마음의 조각들을 모으신다. 그래서 우리는 다시 온전해질 수 있다.

다윗은 마음이 상한 자를 가까이 하신다는 하나님의 놀라운 약속을 선포한다. 하나님은 통회하는 자들을 구원하신다. 시편 147편 3절에서 다윗은 한층 더 고양되어 하나님이 상심한 자들을 고치시며 그들의 상처를 싸매신다고 말한다.

우리가 아무리 심각한 트라우마를 겪어 마음이 산산조각 나도, 하나님이 상심한 자들을 고치시는 분이라는 소망과 약속이 있다. 하나님은 산산이 부서진 마음의 조각들을 모으신다. 그래서 우리는 다시 온전해질 수 있다.

앞에서 언급했듯이 트라우마를 겪는 사람들은 자신이 산산조각 나는 것처럼 느껴질 수 있다. 깨어진 그들의 정신과 마음이 다시는 합쳐지지 않을 것처럼 느껴진다는 말이다. 여기저기에 흩어져 있는 조각들이 다시는 이어지지 않을 것 같다. 이것이 바로 '붕괴'(dis-integration)

이다. 이런 상황에서 복구(re-integration)가 일어나게 하는 유일한 방법은 예수 그리스도를 삶의 중심으로 모시는 것이다.

골로새서 1장 말씀에 따르면, 예수님의 능력으로 온 우주가 서로 지탱하고 있다. 하나님은 우주를 창조하시기만 한 것이 아니다. 그분은 실제로 우주를 붙들고 계실 뿐만 아니라, 모든 것을 유지시키고 계신다. 행성들은 중력이 아니라 만물을 붙드시는 예수님의 능력으로 궤도 안에서 선회하고 있는 것이다. 이것이 사실이라면, 우리의 삶이 아무리 혼돈 가운데 있을지라도, 오직 그분의 능력으로 회복될 수 있다.

이사야 61장 1-3절은 나의 사역의 모든 것을 뒷받침하는 뼈대이자 틀이 되었다.

> 주 여호와의 영이 내게 내리셨으니 이는 여호와께서 내게 기름을 부으사 가난한 자에게 아름다운 소식을 전하게 하려 하심이라 나를 보내사 마음이 상한 자를 고치며 포로 된 자에게 자유를, 갇힌 자에게 놓임을 선포하며 여호와의 은혜의 해와 우리 하나님의 보복의 날을 선포하여 모든 슬픈 자를 위로하되 무릇 시온에서 슬퍼하는 자에게 화관을 주어 그 재를 대신하며 기쁨의 기름으로 그 슬픔을 대신하며 찬송의 옷으로 그 근심을 대신하시고 그들이 의의 나무 곧 여호와께서 심으신 그 영광을 나타낼 자라 일컬음을 받게 하려 하심이라 (사 61:1-3)

이 말씀은 오실 메시아, 즉 예수님에 대한 예언이다. 이사야는 오실 메시아의 모습이 어떠하고, 실제로 그분이 진정한 메시아라는 사실을 어떻게 알 수 있는지 선포한다. 누가복음 4장도 매우 흥미롭다. 예수님은 고향에 있는 회당에서 이사야 61장을 읽으셨다. 그날 예수님이 읽으신 말씀이 이사야 61장이라니, 얼마나 기이한 우연인가!

예수님은 읽기를 마치신 후, 이 말씀이 이루어졌다고 선포하셨다. 그분은 자신이 메시아라고 선포하심으로 사역을 시작하셨다. 지금 이 책을 읽고 있는 독자들이 메시아가 오셨다는 것을 깨닫기 바란다.

"주 여호와의 영이 내게 내리셨으니 이는 여호와께서 내게 기름을 부으사"(사 61:1). 예수님께서 첫째로 말씀하시는 것은 하나님께서 그분에게 기름을 부으셨다는 것이다. 둘째, 예수님은 가난한 자에게 아름다운 소식을 전하실 것이라고 말씀하신다. 예수님은 부자나 유명인사, 또는 종교 시설이나 정부 수반을 위해 오시는 것이 아니라, 고통당하는 자와 가난한 자를 위해 오신다는 것이다. 바로 이들이 예수님의 주된 청중들이다. 이것이 '아름다운 소식'의 일부이다. '복음'(gospel)은 '아름다운 소식'(good news)이라는 의미이다.

이어서 예수님이 하시는 말씀이 매우 중요하다. 주님은 오병이어의 기적을 일으키거나, 사람들을 구원하거나, 나병환자를 깨끗하게 할 것이라고 말씀하지 않으신다. 메시아임을 확인할 수 있는 표는 이것이다. 예수님은 마음이 상한 자를 고치고, 포로 된 자를 자유케 하며, 갇힌 자를 놓이게 하려고 하나님이 보내신 분이었다. 메시아의 특징은 인류의 상한 영혼을 치유하는 것이다. 인류는 죄와 질병, 죽음, 혼돈, 증오의 트라우마로 인해 부서지고 깨어져 있다.

이 땅에서 예수님의 최우선적 사명이 고통당하는 자들에게 아름다운 소식을 선포하는 것이라는 말에는 타당성이 있다. 아름다운 소식이란 '예수님이 마음이 상한 자를 치유하러 오셨다'는 것이다. 주님은 악한 것에 사로잡힌 자들에게 자유를 선포하기 위해, 그들의 결박을 풀고 자유케 하시려고 이 땅에 오셨다. 끔찍한 죄를 지은 자들에게 마음으로 회개하면 감옥 문을 열고 자유케 하실 것을 선포하기 위해 오셨다. 메시아 예수님의 능력은 포로 된 자뿐 아니라 죄인까지도 자유케 하신다.

이어지는 말씀에서 예수님은 은혜의 해, 우리 하나님의 보복의 날을 선포하시는데, 이것은 유대력의 희년에 해당한다. 희년에는 사람들이 도둑질당하고 빼앗긴 것들을 돌려받고, 빚이나 그 밖의 다른 이유 때문에 노예로 팔려간 자들이 매임에서 자유케 되며, 채무로 갇힌 자들이 풀려난다.

우리의 선택으로 포로가 되거나 갇혔어도 완전한 회복이 있다. 기쁨의 날에는 예수 이름으로 모든 것이 회복된다. 이것이 메시아의 사역이다. 우리가 주님께 우리의 죄와 상한 마음을 드리면, 그분은 그것을 좋은 것으로 바꿔 주신다.

이사야 61장은 우리를 향한 주님의 은혜를 이야기하면서 시작한다. 그리고 그 은혜와 함께 우리가 주님의 위로를 받을 것이라고 말한다.

여호와의 은혜의 해와 우리 하나님의 보복의 날을 선포하여 모든 슬픈 자를 위로하되 무릇 시온에서 슬퍼하는 자에게 화관을 주어 그 재를 대신하며 기쁨의 기름으로 그 슬픔을 대신하며 찬송의 옷으로 그

근심을 대신하시고 그들이 의의 나무 곧 여호와께서 심으신 그 영광을 나타낼 자라 일컬음을 받게 하려 하심이라 그들은 오래 황폐하였던 곳을 다시 쌓을 것이며 옛부터 무너진 곳을 다시 일으킬 것이며 황폐한 성읍 곧 대대로 무너져 있던 것들을 중수할 것이며 (사 61:2-4)

우리는 상실에 슬퍼하거나, 슬픔과 애통의 영으로 살아가는 것이 아니라 위로를 받게 된다. 성령이 위로자이신 이유가 있다. 궁극적으로 우리가 익숙하지 않은 곳으로 나아가려면, 하나님의 위로를 받아 트라우마와 상한 마음을 치유해야 한다. 이 기간에 우리에게는 위로가 필요하다. 하나님은 우리에게 슬픔 대신 위로를, 재 대신 화관을 주신다.

> 우리의 선택으로 포로가 되거나 갇혔어도 완전한 회복이 있다. 기쁨의 날에는 예수 이름으로 모든 것이 회복된다. 우리가 주님께 우리의 죄와 상한 마음을 드리면, 그분은 그것을 좋은 것으로 바꿔 주신다.

욥은 어느 날 갑자기 모든 것을 잃고, 온몸이 종기로 뒤덮였다. 그는 잿더미에 앉아 질그릇 조각으로 자신의 몸을 긁고 있었다. 거의 최악의 상황이었다. 그런데 하나님은 그에게 소망의 말씀을 주신다. 하나님은 모든 것을 잃고 재 가운데 살아가게 내버려 두지 않으시고 화관을 주실 거라고 말씀하신다. 그러면 우리가 잃어버린 것이 아니라 우리를 아름답다 하시는 하나님의 부르심이 정체성이 된다. 그분은 근심의 영 대신 찬송의 옷을 주실 것이라고 말씀하신다.

사람들은 트라우마로부터 자유해지면 한결 가벼워진 기분이 든다고 고백한다. 이런 느낌이 드는 것은 그들이 더 이상 트라우마를 짊어지지 않아도 되기 때문이다. 트라우마를 가진 사람들은 억눌려 있다. 주님은 우리에게서 그 무게를 거두시고, 찬송의 옷을 입히실 것이라고 말씀하신다. 그분이 우리의 정체성을 변화시키실 것이다. 우리는 더 이상 고통받으면서 살아갈 필요가 없다. 하나님이 영광받으시도록 의의 나무가 된다.

이기는 자로 살아가기

나는 침례교인으로서 우리가 고난 받을 때 하나님이 얼마나 영광을 받으시는지에 대해 자주 들었다. 하나님을 위해 고난당하면, 그분이 우리의 믿음으로 인해 영광을 받으신다는 것이다. 이것은 사실이다. 하지만 우리가 트라우마와 중독, 통증, 고통으로부터 자유하게 되어도 하나님이 큰 영광을 받으신다. 우리의 정체성이 의의 나무와 같아지면, 우리는 더 이상 희생자나 억압받는 자가 아니라, 승리자이며 이기는 자가 된다. 원수의 발아래 놓이는 것이 아니라, 원수가 우리의 발아래 놓인다. 이것이 이 땅에서 하나님이 영광을 받으시는 방법이다.

우리가 하나님이 심으신 존재라면, 다른 사람들에게 그늘과 위로와 피난처를 공급해 주게 될 뿐 아니라, 스스로 열매를 맺게 된다. 그리고 이 열매는 또 다른 나무가 된다. 더 이상 아픔이나 상처, 트라우마의 열매가 아니라, 계속 번식하는 '씨 가진 열매'를 많이 맺게 된다.

나아가 당신의 가장 큰 약점은 당신의 사역에 가장 큰 발판이 된다.

말씀이라는 렌즈를 통해 볼 때, 트라우마에 대한 우리의 반응은 상한 마음이다. 이 상한 마음을 해결하는 데 영향을 끼치는 세 가지 요소가 있다. 첫 번째로, 이것은 가족의 뿌리와 관련이 있다. 강력한 가족의 뿌리가 있는 사람들은 보통 트라우마를 경험하더라도 그것을 짊어지고 다니지 않는다. 그들은 가족들에게 어려운 시간을 보내는 방법을 배우고, 매우 강한 소속감을 경험한다. 우리는 주변 사람들이 우리를 진심으로 걱정한다는 사실을 알 때, 높은 수준의 정서적 안정감을 갖는다.

내가 아주 어릴 때, 부모님은 나의 가장 큰 지지자였다. 지금은 두 분 다 천국에 계시지만, 여전히 나를 응원하고 계실 것을 안다. 나는 부모님의 사랑 안에서 안정적으로 성장했다. 이러한 유대감 속에서 사랑받으며 성장했기에 지금까지 트라우마를 잘 헤쳐 나갈 수 있었다. 트라우마를 성공적으로 해결하는 사람들은 보통 유대감이 강한 가정에서 성장한 경우가 많다.

두 번째 요인은 믿음이다. 건강하게 트라우마를 해결할 수 있는 사람들에게는 일반적으로 강한 믿음이 있다. 그들은 고통을 주님께 맡길 수 있을 정도로 강한 믿음으로 산다. 또한 예수님의 멍에가 쉽고, 그분의 짐이 가볍다는 사실을 안다. "수고하고 무거운 짐 진 자들아 다 내게로 오라 내가 너희를 쉬게 하리라"(마 11:28). 우리가 강한 믿음으로 하나님의 안식 가운데 살아갈 때, 트라우마를 순조롭게 극복할 수 있다.

상한 마음을 해결하는 데 도움이 되는 세 번째 요소는 트라우마를 처리하는 능력이다. 이러한 처리 과정은 대단히 중요하다. 트라우마를 곧바로 처리하는 능력과 기회를 가진 자들은 그것을 짊어지고 다닐 가능성이 훨씬 적다. 그들은 그것을 즉시 내려놓는 법을 배운다.

우리 글로벌 스쿨 일원 중에 전쟁터에서 사제 폭발물을 제거하는 일을 하는 사람이 있었다. 전쟁지역에 세 차례 파병되었다는 그에게는 어떤 외상 후 스트레스 장애도 없는 것처럼 보였다. 나는 그와 대화를 나누면서 그 이유를 알 수 있었다. 그는 하루 일과가 끝나면 동료들과 모여 무슨 일이 있었고, 누가 부상을 입었는지에 대해 이야기를 나눴다고 한다. 그들은 그냥 잠자리에 들지 않고 트라우마를 모두 털어 놓았다.

이것은 성경에서 해가 지도록 분노를 품지 말라고 한 것과 비슷한 원리이다. 트라우마와 그로 인해 발생된 감정적 반응을 처리한다는 것은 그날 무슨 일을 겪었든지 잠자리에 들기 전에 그 모든 것을 예수님께 맡긴다는 의미이다. 우리는 자신을 힘들게 한 사람들을 마음에서 풀어 주고 용서해야 한다. 그렇게 마음이 깨끗해져야 비로소 평안히 잘 수 있다. 하나님은 우리가 잠을 통해 회복되고 새 힘을 얻도록 설계하셨다. 따라서 우리는 잠을 자면서 매일 새로운 날을 준비한다.

항상 트라우마에 노출되는 소방관이나 경찰관, 응급의료 요원들은 '가족 간의 유대감, 믿음, 트라우마를 처리하는 능력' 이 세 가지 요소를 활용하여 건강을 유지해야 한다. 그들은 이와 같은 방법으로 생업을 지속할 수 있다. 의료 공동체도 이 세 가지 요소를 통해 트라우마 해결에 도움을 받고 있다. 그들은 그날의 일을 마치면서 함께 모여 업무

보고를 듣는다. 충격적인 일을 겪었다면, 누군가와 함께 그 경과를 나눌 필요가 있다. 우리가 경험한 것을 말로 표현할 수 있어야 한다.

여자들에게는 남자들과 다르게 트라우마를 해결할 수 있는 은혜가 있다. 여자들은 감정을 표현하는 방법을 아는데, 남자들은 이것을 배울 필요가 있다. 사회는 우리에게, 특별히 남자들에게 무조건 받아들이고, 잊어버리고, 꾹 참고, 울지 말라고 가르친다. 그러나 예수님 시대에 울며 시신을 옮기는 자들 중에는 여자만 있었던 것이 아니다. 남자도 있었다. 그러한 종류의 애도는 모두에게 슬픔을 표출하는 기회가 되었다. 슬퍼한다고 해서 우리의 영과 육에 무조건 해가 되는 것은 아니다.

하나님은 트라우마를 치유하신다. 우리가 그분의 치유를 받아들인다면, 그분은 우리의 상한 마음의 조각들을 다시 모아 온전케 해 주실 것이다. 나는 그 일이 일어나는 것을 수차례 목격했다.

PRAY

성령님, 이사야 61장 1-3절 말씀에 따라 주님의 사명을 성취하시는 당신의 임재에 감사드립니다. 하나님은 마음이 상한 자를 고치십니다. 그리고 포로 된 자에게 자유를, 어둠에 갇힌 자에게 놓임을 선포하십니다. 재 대신 화관을, 슬픔 대신 기쁨의 기름을, 근심 대신 찬송의 옷을 주시는 예수님 감사합니다.

Supernatural Freedom from the Captivity of Trauma

트라우마가 정신에 끼치는 영향

Chapter 4

Chapter 4 트라우마가 정신에 끼치는 영향

트라우마란 무엇인가? 그리고 트라우마를 지니고 산다는 것은 무슨 뜻일까? 우리의 정체성과 사고방식, 감정, 선택에 영향을 주는 트라우마를 안고 산다는 것은 무슨 의미일까? 우리가 그리스도를 믿는 자들이고 성령으로 충만해도, 여전히 트라우마의 기억과 충격을 짊어지고 살 수 있다. 즉, 트라우마는 우리의 영혼에 영향을 끼칠 수 있다.

나는 성경적 관점에서 외상 후 스트레스 장애(PTSD)를 영혼의 상처라고 생각한다. 어떤 사람이 정신적 외상을 입으면, 그의 영혼은 산산조각 난다. 본래 인간은 삼위일체의 본질에 따라 영, 혼, 육으로 구성되어 있으며, 이중 혼은 정신, 의지, 감정으로 나눌 수 있다. 외상 후 스트레스 장애는 바로 이 혼에 입은 상처로, 나는 이것이 오직 기도를 통해 하나님의 능력으로 치유될 수 있다고 믿는다.

외상을 입은 뇌의 상처와 외상 후 스트레스 장애

하나님은 우리가 경험한 기억이 모두 측두엽에 남아 있도록 뇌를 설계하셨다. 뇌의 기억중추인 측두엽에는 편도체가 있는데, 여기에서 투쟁-도피 반응 호르몬을 분비한다.

위협을 느낄 때, 우리의 뇌는 머물러 싸울 것인지 아니면 달아날 것인지 결정해야 하는데, 이때 뇌간이 작용한다. 뇌간에는 시상과 시상하부(시상의 아래쪽에서 뇌하수체로 이어지는 부분 - 역자 주)가 포함된다. 이 둘은 척수와 뇌 사이에서 중계소 역할을 하며, 여러 자극에 반응하여 대뇌피질 가운데 적합한 곳에 직접 감각 정보를 입력한다.

뇌의 전전두피질은 우리의 정신을 제어함으로 우리의 삶을 통제하는 곳이다. 바로 이곳에서 우리의 생각과 행동을 조율하고 의사결정을 담당한다.

뇌는 우뇌와 좌뇌로 구성되어 있다. 좌뇌는 보다 이성적이고 조직적인 역할을 담당하는 반면, 우뇌는 창조적인 역할을 담당한다. 우리는 보통 좌뇌형이냐, 우뇌형이냐를 논하는데, 사실 그렇게 양분하는 것은 타당하지 않다. 정기적으로 양쪽 뇌를 모두 사용하기 때문이다.

그런데 우리가 심각한 충격을 받아 외상 후 스트레스 장애가 생길 때 일어나는 현상이 있다. 충격의 결과, 좌뇌와 우뇌 간의 교류가 비활성화되고 침체되는 것이다. 이와 관련된 연구 결과는 뇌가 충격을 받을 때 좌뇌와 우뇌 간의 교류가 중단된다는 사실을 보여 준다. 이때 좌뇌와 우뇌가 적절하게 기능하지 못하기 때문에 분열되는 기분을 느끼게 된다. 트라우마로 인해 좌뇌와 우뇌 간의 교류가 파괴되는 것이 아니라 한동안 무력해지는 것이다.

충격적인 이미지를 기억으로 저장하는 것은 우뇌이다. 그리고 충격을 경험한 뇌에서 가장 실제적으로 느껴지는 부분이 바로 우뇌의 기억들이다. 많은 이들이 아주 어린 시절부터 트라우마를 짊어지고 살아간다. 트라우마는 성인이 된 후에도 삶에 지속적으로 영향을 주면서 현실이 된다.

우리는 트라우마와 관련 없는 것들을 떠올리며 행동하려 할 수도 있다. 하지만 우리의 기억을 사용하려면, 충격적인 이미지와 기억들의 접근점(access point)을 통과해야 한다. 그래서 사람들, 특히 엄청난 트라우마를 경험하여 외상 기억(인생의 트라우마가 있었던 시기의 경험을 이후에도 계속해서 재경험하는 것 - 역자 주)이 많은 퇴역 군인이나 응급의료 요원들이 매일같이 그러한 기억들이 실제 현실이 된 삶을 살아가는 것이다.

심한 충격을 받은 사람들은 대부분 좋은 일들을 기억해 내지 못한다. 당신이 심하게 충격을 받았다면, 그것은 마치 외상 기억이 기억체계를 장악한 것과 같다. 이때 당신의 해마는 일종의 혼수상태에 빠지게 되는데, 이런 이유로 많은 외상 후 스트레스 장애 환자들이 단기기억 상실을 겪는 것이다. 그들은 열쇠나 휴대폰을 어디에 두었는지 기억하는 데 어려움을 겪으며, 이러한 일들이 단기간에 여러 번 일어난다.

우리는 외상 후 스트레스 장애가 정신질환이 아니라 심리적 상처라는 것을 알아야 한다. 외상 후 스트레스 장애가 있으면 해마가 점차 수축된다. 그래서 충격적인 이미지나 기억을 지닌 사람들이 수년 전의 트라우마를 실제 현실처럼 느끼는 것이다. 그리고 편도체에서는 공포 반응과 관련된 활동이 증가하고, 자극을 받을 때 일어나는 부정적 감정을 조절하는 전전두피질도 수축된다.

> 심한 충격을 받은 사람들은 대부분 좋은 일들을 기억해내지 못한다. 당신이 심하게 충격을 받았다면, 그것은 마치 외상 기억이 기억체계를 장악한 것과 같다. 이때 당신의 해마는 일종의 혼수상태에 빠지게 되는데, 이런 이유로 많은 외상 후 스트레스 장애 환자들이 단기기억 상실을 겪는 것이다.

트라우마에 사로잡히지 않은 뇌는 다양한 상황 가운데 감정을 조절하도록 훈련되어 있다. 따라서 어떤 공간에서 공포를 느끼더라도, 밖으로 뛰쳐나가지 않도록 그것을 제어할 수 있다. 공격적으로 행동하는 사람과 마주칠 때, 건강한 전전두피질은 상대방과 싸울 수 있을 것 같은 느낌을 준다. 이것이 전전두피질이 기능하는 방식이다.

그러나 트라우마가 있는 경우, 뇌의 기능들이 마비되어 감정을 조절하기가 매우 어렵다. 뇌가 전달하는 충격적인 이미지들 때문에 염려와 두려움이 커지기 때문이다. 우뇌는 전전두피질에 영향을 주어 뚜렷한 이유 없이 분노하거나 격분하게 만든다. 이처럼 정신적 외상을 입은 뇌는 충격적인 이미지와 기억들에 사로잡혀 있다.

수면 무호흡증을 포함하여 수면장애는 외상 후 스트레스 장애 환자들에게 매우 전형적으로 나타나는 현상이다. 악몽이 잦아지면, 잠은 더 이상 안전지대가 되지 못하는데, 이렇게 되면 뇌는 '수면 공포'라는 조건반응을 발전시킨다. 그 결과, 낮 시간에는 어느 정도 생각을 통제한다. 그러나 밤에 뇌가 잠재의식 속에 빠지면, 트라우마가 다시 급습하여 결과적으로 잠자는 것을 좋아하지 않게 된다.

트라우마와 관련하여 수면장애를 겪는 사람들에게는 렘(REM) 수면 장애도 있다. 렘 수면은 가장 깊은 단계의 수면이다. 회복에 가장 중요한 이 단계에서 우리는 꿈을 가장 많이 꾼다. 불면증이나 악몽 때문에 렘 수면 단계에 도달하지 못하는 사람들의 경우, 하지불안증후군과 같이 과도한 근육 활동을 경험하게 된다. 이러한 사람은 미세각성으로 괴로움을 겪는데, 이것은 잠들고 얼마 지나지 않아 깨어나는 증상으로 밤새도록 지속된다. 결국 필요한 만큼의 렘 수면을 충분히 취하지 못하기 때문에 극심한 피로감을 느끼게 된다.

우리는 외상 후 스트레스 장애로 고통받는 사람에게 사역할 때, 뇌에 새겨진 충격적인 이미지가 완전히 소멸되기를 기도한다. 또한 해마가 깨어나 바르게 기능하고 단기기억이 회복될 것을 명령한다. 이러한 일들이 원활하게 이루어지면, 해마에서 다시 기억이 흐르기 시작하면서 좋은 것들을 기억해 낼 수 있게 된다.

한번은 교통사고로 장성한 딸을 잃은 여성을 위해 기도한 적이 있다. 끔찍한 사고 현장을 목격한 그녀는 깊은 슬픔에 젖어 있었다. 우리는 그녀가 목격한 이미지와 기억을 연결하는 뇌의 신경회로가 끊어지고 고통이 멈출 것을 기도했다. 그러자 성령이 임하셔서 그녀를 치유하시기 시작했다.

얼마 지나지 않아 갑자기 그녀가 바뀌었다. 그녀는 하나님을 찬양하고 경배하며 주체할 수 없을 정도로 울었다. 그러더니 그녀의 울음이 웃음으로 바뀌었다. 온전하게 치유된 딸이 예수님 앞에 서 있는 모습을 보았기 때문이다. 다음 날 그녀는 더 이상 충격적인 이미지들이 자기를 괴롭히지 않는다고 말했다. 그리고 그날 밤 2년 만에 처음으로 여덟 시간이나 숙면을 취했다고 한다.

예수님은 마가복음 11장에서 열매가 없는 무화과나무를 향해 명령하셨다. "이제부터 영원토록 사람이 네게서 열매를 따 먹지 못하리라." 예수 이름으로 드리는 우리의 기도도 동일한 일을 성취할 수 있다. 뇌는 가지가 무성한 나무를 닮은 신경회로로 가득 차 있다. 우리는 충격적인 이미지를 담은 신경회로를 향하여 예수 이름으로 기도하고 명령함으로 그것들을 말라 죽게 할 수 있다. 그뿐 아니라 기도로 그 이미지들의 유발점(trigger point)을 끊어 낼 수 있다. 이렇게 하면 둘 중 한 가지 일이 일어나게 되는데, 충격적인 이미지와 기억이 사라지거나 그러한 이미지와 기억이 더 이상 고통을 수반하지 않게 되는 것이다.

> 우리는 충격적인 이미지를 담은 신경회로를 향하여 예수 이름으로 기도하고 명령함으로 그것들을 말라 죽게 할 수 있다. 그뿐 아니라 기도로 그 이미지들의 유발점(trigger point)을 끊어 낼 수 있다.

치유하시는 하나님을 신뢰하라

인생의 트라우마를 해결하기 원한다면, 먼저 그 징후들을 확인해야 한다. 어쩌면 징후들을 확인하는 과정에서 자신을 보게 되면서 다소 감정이 격해질 수 있다. 이 책을 읽으면서 감정이 격해지는 느낌이 든다면 두려워하지 말라. 불안이나 공황에 사로잡히지 말라. 당신은 치유받고 회복하기 위해 이 책을 읽고 있다. 하나님이 당신의 마음과 영혼을 치유하실 것을 확신하라. 하나님이 치유하시면, 당신은 회복되어 온전해지고 삶에서 트라우마가 완전히 떠날 것이다.

사람들은 다양한 방식으로 트라우마에 반응한다. 트라우마의 징후는 시간이 지남에 따라 강도가 달라지는데, 대체적으로 스트레스를 받거나 특정 상황에 직면하면서 트라우마를 일으키는 경험이 떠오를 때 더 많은 징후를 보일 수 있다.

예를 들어, 차를 탈 때마다 트라우마를 겪을 만큼 대단히 충격적인 교통사고를 당했다고 하자. 그러면 차를 타는 것이 트라우마를 자극해 운전을 어렵게 만든다. 심각한 경우에는 차를 타는 것만으로도 고통스러운 기억이 떠오를 것이다. 어쩌면 교통사고로 약간의 트라우마가 있기는 하지만, 운전을 더 잘하려고 노력할 수도 있다. 차를 탈 때마다 거의 운전할 수 없는 상태가 되기보다는 운전을 잘해야겠다고 생각하는 것이다. 이처럼 사람마다 환경에 따라 다양한 방식으로 반응한다. 트라우마에 어떻게 대처해야 할지 계획하는 사람은 아무도 없다.

한번은 랙스(LAX) 공항으로 가기 위해 우버 택시를 타고 로스앤젤레스를 지나던 중 교통사고를 당했다. 우버 기사는 시속 50마일로 주행하던 중 앞차를 들이받았다. 나는 뒷좌석에 앉아 있었는데, 감사하게도 하나님께서 보호해 주셨다.

무사히 비행기를 타고 내린 다음, 다른 곳으로 이동하기 위해 또 자동차를 탔다. 그런데 운전기사가 앞차에 가까이 다가가자, 불안한 감정이 올라오기 시작했다. 그 순간 내 속에서 일어나고 있는 현상을 자각하고 이렇게 기도했다. "주님, 저는 이것이 무엇인지 압니다. 제 기억 속의 트라우마를 치료하시고, 제가 더 이상 두려움과 공포에 빠지지 않게 도와주소서." 감사하게도, 그 즉시 하나님께서 나를 치유하셨다.

하나님은 당신에게도 이와 같은 일을 행하실 것이다. 하나님이 당신을 치유하실 것이다. 하나님을 당신의 마음에 초대하고 사람들에게 기도를 부탁하라. 그리고 하나님의 완전한 치유를 받으라.

PRAY

예수님, 오셔서 제 인생의 모든 트라우마를 치유해 주소서. 생명을 바치셔서 우리를 자유케 하신 주님 감사합니다. 십자가에서 완성하신 주님의 사역으로 저를 깨끗하고 새롭게 해 주셔서 제가 온전히 당신의 사랑을 입은 자녀의 정체성으로 살아가게 하시니 감사합니다.

Supernatural Freedom from the Captivity of Trauma

트라우마를 통해 역사하는 사탄의 전략

Chapter 5

Chapter 5 트라우마를 통해 역사하는 사탄의 전략

요한복음 10장 10절은 이렇게 말한다. "도둑이 오는 것은 도둑질하고 죽이고 멸망시키려는 것뿐이요." 트라우마만큼 이러한 사탄의 전략을 분명하게 보여 주는 경우도 없을 것이다. 하지만 이어지는 구절은 악한 영의 계획에 대한 하나님의 해결책을 보여 준다. "내가 온 것은 양으로 생명을 얻게 하고 더 풍성히 얻게 하려는 것이라."

지금까지 트라우마를 치유하는 방법과 관련하여 많은 연구가 있었다. 그런데 내 경험상 트라우마의 진정하고 완전한 치유는 오직 예수님으로부터 온다. 예수님만이 산산조각 난 영혼에 전인적 치유를 베푸실 수 있다. 오직 그분만이 성령의 능력으로 그 모든 파편들을 모아 다시 회복시키실 수 있다.

나는 의료적 도움을 받지 않는 사람들을 옹호하는 것이 아니다. 다만 오늘날 트라우마로 고통받는 자들이 '의학적 치료'와 '예수 그리스도의 치유'의 혜택을 모두 누릴 수 있다고 생각한다. 그래서 이 책은 예수님 안에 있는 치유를 중점적으로 다루고 있다.

> 트라우마의 진정하고 완전한 치유는 오직 예수님으로부터 온다. 예수님만이 산산조각 난 영혼에 전인적 치유를 베푸실 수 있다. 오직 그분만이 성령의 능력으로 그 모든 파편들을 모아 다시 회복시키실 수 있다.

악한 영의 전략

악한 영은 도둑질하고 죽이고 멸망시키러 온 도둑으로, 매우 다양한 방법으로 이 일들을 실행한다. 다음은 악한 영이 트라우마에 시달리는 자들을 괴롭히는 방법들이다.

| 피해의식

트라우마의 징후는 지속적이며 매우 고통스럽기 때문에, 어떤 이들은 트라우마에 대해 계속 이야기하는 경향이 있다. 누군가의 영혼이 큰 충격을 받으면, 충격적인 사건이 그 사람의 정체성이 되기 때문이다. 그들은 자기들이 피해자라는 사실을 가장 신뢰할 만한 진리로 받아들이기 시작한다. 그래서 자신들의 이야기를 계속 반복해서 이야기하게 되는 것이다.

이러한 피해자라는 정체성, 지속적인 트라우마의 회상은 결국 그 사람의 인생을 향한 하나님의 꿈을 훔치고 죽이고 멸망시키려는 원수의 계획을 더욱 강화한다. 원수는 하나님 안에서 우리의 정체성을 발견하지 못할 곳으로 이끌어 우리를 향한 하나님의 꿈을 파괴시키려 한다.

예수님 덕분에 이제 우리는 과거의 제한을 받지 않게 되었다. 우리에게 어떤 일이 일어났는지, 우리가 과거에 어떤 선택을 했는지는 중요하지 않다. 하나님이 우리를 어떠한 자로 부르셨는지가 우리가 누구인지를 말해 준다. 우리는 하나님의 사랑받는 자녀들이다. 하나님은 우리로 인해 지극히 기뻐하신다.

> 우리에게 어떤 일이 일어났는지, 우리가 과거에 어떤 선택을 했는지는 중요하지 않다. 하나님이 우리를 어떠한 자로 부르셨는지가 우리가 누구인지를 말해 준다. 우리는 하나님의 사랑받는 자녀들이다.

염려

염려는 우리에게서 생명의 권리를 훔쳐 가기만 할 뿐 아무것도 이루지 못하게 한다. 앞으로 있을 일이나 일어날 수도 있는 일에 대해 염려하며 두려움에 사로잡혀 있다면, 악한 영의 거짓말을 듣고 있는 것이다. 악한 영은 우리에게 최악의 상황이 아직 남아 있다고 믿게 만든다.

예를 들어, 자동차 타이어에 구멍이 난 것을 발견하는 순간, 무심코 내뱉는 말이 "그럼 그렇지"라면, 삶 가운데 나쁜 일이 일어날 것을 예상하고 있는 것이다. 이런 종류의 사고방식은 염려에 기인한 것이다. 보통 사람들은 자신들이 이런 사고방식을 갖고 있다는 사실을 인식하지 못한다. 그만큼 염려가 그들의 생각 속에 깊이 뿌리내리고 있기 때문이다.

악한 영은 염려의 시나리오를 쓰고, 하나님은 소망과 평안의 메시지를 주신다. 우리가 회개하고 사고방식을 바꾸어 크신 하나님이 나를 돌보고 지켜주신다는 사실을 믿으면, 지옥이 아닌 천국의 사고방식으로 살아갈 수 있다. 천국의 사고방식은 우리가 혼자가 아니라고, 하나님의 돌보심을 받고 있기에 두려워할 것이 없다고 말한다. 그런데 왜 천국의 사고방식으로 살아가지 않는가? 염려로부터 자유해지려면, 걱정과 불안은 던져 버리고 소망을 붙들어야 한다. 소망을 붙들 때, 평강 가운데 걸을 수 있다.

> 악한 영은 염려의 시나리오를 쓰고, 하나님은 소망과 평안의 메시지를 주신다. 우리가 회개하고 사고방식을 바꾸어 크신 하나님이 나를 돌보고 지켜주신다는 사실을 믿으면, 지옥이 아닌 천국의 사고방식으로 살아갈 수 있다.

선택은 당신의 몫이다. 당신은 악한 영의 생각을 선택할 수도, 하나님의 생각을 선택할 수도 있다. 하나님의 생각을 선택할 준비가 되었다면, 다음과 같이 선포하라.

PRAY

하나님은 공포나 불안, 염려를 주지 않으십니다. 하나님은 저에게 능력과 사랑, 건강한 마음을 주셨습니다. 따라서 저는 걱정하거나 불안할 필요가 없습니다. 공포는 저의 것이 아닙니다. 저에게는 그리스도의 마음이 있기 때문에 건강한 생각을 갖고 있습니다. 그러므로 저는 하나님과 같은 생각을 하고, 제 마음은 평안합니다.

거짓의 견고한 진

고린도후서 10장 3-5절은 견고한 진을 파하고 헛된 이론과 하나님을 아는 것을 대적하여 높아진 것을 무너뜨리는 것에 대하여 말한다. 악한 영은 거짓과 헛된 이론, 하나님을 아는 것을 대적하여 높아진 모든 것으로 견고한 성을 세우려고 한다. 트라우마를 경험한 사람들에게서 이러한 견고한 진들을 보게 되는 경우가 많다.

트라우마를 남길 정도로 충격적인 경험에 근거하여 거짓 투성이의 견고한 진이 구축되면, 그것은 우리의 현재뿐 아니라 미래에도 거짓을 속삭이며 영향을 끼친다. 우리가 과거에 경험한 것 때문에 앞으로 안 좋은 일들만 일어날 거라고 속삭이는 견고한 진을 안고 살아가게 되는 것이다.

우리는 이런 생각들을 하면서 항상 나쁜 일이 일어나기만을 기다리고 있는 것이다. 우리의 상상과 이론도 긍정적이지 않고 부정적이며, 이것은 우리의 소망과 믿음, 미래에 대한 사고방식에도 영향을 끼치게 된다. 과거의 트라우마에 기반한 이러한 상상과 이론은 반드시 무너져야 한다. 우리가 하나님에 대한 불신과 연약한 믿음으로 살아가게 되는 것은 바로 과거의 트라우마 때문이다.

한 여성이 내가 인도하는 컨퍼런스에 참석했다. 그녀는 트라우마를 남긴 기억을 치유받지 못하게 가로막는 거짓의 견고한 진으로 인해 몸부림치고 있었다. 컨퍼런스가 열리기 전, 그녀는 주님이 그곳에서 자신을 만나 주실 것이라는 감동을 받았다. 전부터 내적 치유를 많이 받아 왔지만, 그녀를 괴롭히는 기억 때문에 밤마다 울다 지쳐 잠들곤 했다. 그녀는 소망을 잃어가는 가운데 이러한 현실을 받아들여야 한다고 생각했다. 자신은 살아났으니 이겨낸 것이라는 거짓을 믿으며 그냥 견디자는 생각으로 살아왔다. 다른 사람들이 겪는 심각한 문제들에 비해 자신의 고통은 가벼운 편이니, 힘을 내서 계속 전진해야 한다고 생각했다.

컨퍼런스에 참석한 그녀는 외상 후 스트레스 장애(PTSD)에 대한 강연을 들으며 비로소 자신의 문제를 인식하기 시작했다. 거짓의 견고한 진이 다시 머리를 관통하자, 그녀는 컨퍼런스에서 만나 주실 것이라는 주님의 약속을 기억했다. 그녀는 하나님께서 역사하실 일에 대해 마음이 열려 있었다.

그날 아무도 그녀를 위해 기도하지 않았고, 그녀에게 안수한 사람도 없었다. 그녀는 누구와도 소통하지 않았다. 그저 조용히 앉아 있는 가운데 하나님께서 그녀를 치유하기 시작하셨다. 하나님이 임하시자, 그녀는 감동을 받아 하나님께 순복하고, 놀라움과 감사와 감격의 눈물을 흘렸다. 눈을 뜨자, 그 공간의 모든 색상이 선명하게 보였다. 모든 것이 맑고 투명하게 보였다. 그렇지만 그녀는 자신에게 여전히 무언가가 있는 것 같다고 호소하며 앞으로 나와 내게 기도를 청했다.

성령께서 그녀를 괴롭히고 있는 트라우마와 거짓의 견고한 진에 대한 분별력을 주셨기 때문에, 그녀에게 자신을 향해 하나님 나라의 생각을 선포하라고 요청했다. 나중에 그녀는 마치 자신을 향한 하나님의 진리를 말하지 못하도록 원수가 가로막고 있던 것처럼 혀가 풀리는 듯한 느낌이 들었다고 말했다. 그녀가 말씀을 선포하자, 하나님의 깊은 평강이 그녀를 덮었다. 그 후로 그녀는 자유 가운데 주님을 기뻐하며 살아가고 있다.

그녀는 가족에게 벌어진 일을 자기의 책임이라고 착각하고 있었음을 깨달았다. 그것은 처음부터 그녀의 잘못이 아니었다. 이렇게 그녀는 자신에게 붙어 있는 것들을 떨쳐 내기 위해 문을 열었다. 그녀가 그것들을 내려놓고 혼의 묶임들을 끊자, 고통스러운 기억들이 말끔히 사라졌다.

과거에는 치유를 받아도, 다시 고통이 반복되었다. 그래서 완전한 치유는 불가능하다는 거짓의 희생양이 되었던 것이다. 결국 그녀는 정복자가 아니라 하루하루 간신히 연명하는 생존자로 살았다. 그런데 하나님께서 그녀를 속박하고 있던 거짓의 결박을 모두 끊어 주셨다. 이제 그녀는 자유롭게 걷고 있을 뿐 아니라, 더 깊은 차원의 자유 안에서 행하며 그녀를 향한 진리의 말씀을 계속 고백하고 선포하고 있다.

| 하나님께 받은 정체성의 상실

우리는 하나님의 형상대로 창조되었다(창 1:27 참조). 그런데 어떤 이들은 이 진리를 알지 못한다. 악한 영이 늘 우리에게서 참된 정체성을 강탈하려 하기 때문이다.

항상 스스로를 비판하고 비하하는 습관이 있는가? 언젠가는 사람들이 당신이 그리 좋은 사람이 아니라는 사실을 알게 될까 봐 두려워하며 살고 있는가? 그렇다면 당신은 하나님이 주신 정체성을 잃어버린 것일지도 모른다. 하나님은 당신이 자신을 좋아하도록, 심지어 사랑하도록 창조하셨다. 당신이 하나님의 창조물, 즉 자기 자신을 사랑하지 않는다면 어떻게 하나님과 사람들을 사랑할 수 있겠는가?

하나님은 당신이 매일 아침 샬롬 가운데 일어나 다음과 같이 고백하기 원하신다. "하나님이 저를 사랑하십니다. 그분은 저를 위해 이곳에 오셨습니다. 그러므로 저는 저 자신을 사랑합니다."

나에게 회개란 다음의 세 가지를 의미한다. 그것은 하나님에 대한 사고방식과 내가 할 수 있는 일들에 대한 사고방식, 궁극적으로 나 자신에 대한 사고방식을 변화시키는 것이다. 만일 스스로를 비하하거나 비판하고, 자신에 대한 타인의 평가를 두려워하는 사고를 갖고 있다면 회개해야 한다. 그리고 당신을 향한 하나님의 말씀, 즉 '당신은 사랑받고 있으며 사랑스럽다'는 사실을 믿어야 한다. 하나님이 당신을 사랑하시듯 당신도 자신을 사랑해야 한다. 때로는 다음과 같은 기도가 필요하다. "하나님의 시선으로 저 자신을 볼 수 있게 도와주소서. 하나님이 저를 사랑하시며, 버리거나 포기하지 않으실 것이라는 사실을 깨닫게 하소서."

트라우마에 시달리는 사람들에게 정체성은 매우 중요한 문제이다. 이전에 어떠했든, 트라우마를 경험하면 정체성이 변화된다. 군복무로 이미 왜곡된 정체성이 더 악화될 수 있다. 수많은 젊은이들이 고등학교를 졸업하고 어린 나이에 군에 입대한다. 그런데 그들 중에는 역기능 가정으로부터 도피하기 위해 그런 선택을 하는 이들이 적지 않다.

이런 사람들은 대부분 올바른 정체성이 확립되지 않은 상태에서 분노와 고통, 학대, 역기능적 환경에서 벗어나고자 군대에 간다. 그런 그들이 갖게 되는 첫 번째 정체성은 병사 또는 군인이다. 군대에서는 먼저 시민으로서의 정체성을 버리고, 병사로서의 정체성을 확립시킨다. 그들이 군대에 있는 동안에는 괜찮다. 그러나 제대하고 퇴역 군인으로 불리게 되면서 문제가 시작된다. 퇴역 군인이라는 것은 군대에서는 명예로운 훈장이지만, 바깥세상에서는 기능적 정체성을 잃어버리기 때문이다.

퇴역 군인의 외상 후 스트레스 장애가 상당수 악화되는 이유는 군대와 거리가 멀어질수록 정체성의 상실도 커지기 때문이다. 정체성과 목적의 상실은 특히 남자들에게 더 많은 문제를 야기한다. 남자들은 주로 무엇을 하느냐로 자신의 정체성을 확립하기 때문이다. 다음은 실제로 정체성의 상실을 경험한 퇴역 군인의 고백이다.

⋮

나는 누구인가? 거울을 보면 여전히 내 모습이다. 그렇지만 나 같지가 않다. 이 공허한 사람은 누구인가? 나는 침대에서 간신히 일어나는 날들을 보내고 있다. 계속해서 많은 생각들이 머릿속에서 번쩍이며 지나간다. 어째서 이러한 현상이 멈추지 않는 걸까?

이제 일어나 정신을 차리자. 가족들은 나를 이해하지 못하고, 내 말을 듣지도 않는다. 그들은 오직 나의 외면, '나'라고 하는 껍데기만 볼 뿐이다. 이 텅 빈 껍데기에 자리잡고 있던 사람은 어디에 있는가? 나는 여전히 고통과 절망 속에 있다. 나는 내 머릿속 지옥에 갇혀 과거 속에 살고 있다. 그런데 그 과거가 바로 현재이다. 아무리 노력해도 그것을 멈출 수가 없다. 나는 부서지고 산산조각 났다. 도대체 나는 누구란 말인가?

이러한 정체성의 문제를 악화시키는 것 중 하나가 앞에서 언급한 피해의식 문화이다. 오늘날의 문화는 '우리는 피해자이기 때문에 얼마든지 변명할 수 있다'고 말한다. 이런 생각에 사로잡히게 되면, 살면서 경험하는 좋은 일들보다는 트라우마로 자신의 정체성을 확인하게 된다.

트라우마에 시달리는 사람들을 위해 기도해 줄 때, 나는 그들의 상처에 대해 자세히 들으려 하지 않는다. 일부 트라우마 피해자들은 인생의 상처를 반복적으로 곱씹으려 한다. 심지어 그런 일들을 이야기하는 것이 더할 나위 없이 행복한 일인 것처럼 보일 때도 있다. 트라우마에서 보상받으려고 자기 연민이나 피해의식 같은 것들이 일어난다. 그리고 그것이 그들의 정체성이 된다. 그들은 트라우마로 상대방에게 자신을 이해시키고 친밀해지려 한다.

예전에 사탄숭배 의식에서 학대당한 사람들에게 사역한 적이 있다. 그들은 자기들보다 더 큰 상처를 받은 자들은 없다는 사실을 강조하며, 그 상처가 너무 깊고 단단해서 누구도 해결하지 못할 것이라고 했다. 나는 이런 상황에 직면하면, 그들의 눈을 보고 이렇게 말한다. "당신이 예수님을 믿고 신뢰한다면, 당신의 상처가 아무리 심각해도 그분이 당신을 치유하실 것입니다." 그리고 그들에게 미소를 지어 보인다.

나는 그들의 과거가 얼마나 충격적인지, 그들에게 어떤 일이 일어났는지 전혀 신경 쓰지 않는다. 항상 웃으며 이렇게 말해 줄 뿐이다. "당신이 원한다면, 오늘 예수 이름으로 자유해질 수 있습니다." 나는 그들 안에서 역사하는 어둠이 나를 압도하도록 허락하지 않는다. 내 안에 계신 분이 세상 그 무엇보다 크시다는 사실을 알기 때문이다. 이것은 예수 이름으로 치유하는 사역에서 가장 중요한 부분이다. 예수님께 모든 권세가 있다. 여기에서 '모든'이란, 말 그대로 '전부'를 뜻한다!

우리는 일회용 문화 속에서 살아가고 있다. 그런데 일본에는 조금 다른 문화가 있다. 그들에게는 킨츄기('금빛 보수'라는 뜻으로, 깨진 도자기를 송진으로 보수하는 기술 – 역자 주)라는 예술 형식이 있는데, 깨진 것에서 아름다움을 찾는 방식이다. 킨츄기 도예가는 깨진 조각들을 금, 은, 백금을 섞은 흙으로 이어 붙인다. 그렇게 맞춰진 그릇은 사실 훨씬 아름답고 가치 있는 것이 된다. 이것은 예수님의 사역을 완벽하게 보여 준다.

예수님은 마음이 상한 자를 치유하시고, 그들의 상처를 싸매신다. 산산이 부서진 조각들을 다시 모으시고, 갇힌 자와 포로 된 자들에게 자유를 주시며, 마음이 상한 자들을 영광의 그릇으로 빚으신다. 주님은 재에서 아름다움을 취하신다(사 61:3).

예전에 누군가 나에게 귀한 그릇으로 지음 받는 사람이 있는가 하면, 천한 그릇으로 지음 받는 사람도 있는지 물었다. 이에 대한 나의 대답은 그렇지 않다는 것이다. 예수님 없이 시작하면, 모두가 천한 그릇이 될 수밖에 없다. 우리 모두 예수님과 함께해야 귀한 그릇으로서 잠재력을 갖게 된다. 우리가 아무리 악하고 흉악한 죄를 지어도 우리 삶에 예수님이 들어오시면, 깨어진 조각들을 하나님 나라의 금으로 이어 붙여 주셔서 주님의 집에서 존귀한 그릇이 되게 하신다.

| 용서치 않음과 공격

악한 영은 사람들의 삶 가운데 공격하고 용서하지 않는 영으로 충동질하는 것을 좋아한다. 그리고 이러한 현상은 트라우마가 있는 자들에게서 특별히 두드러진다. 공격의 영은 교회 안에서도 역사하여 종종 아주 사소한 것에 격분하는 사람들을 볼 수 있다. 그런 자들 주변의 사람들은 민감한 그들의 영을 자극하지 않기 위해 극도로 조심한다.

용서치 않음과 공격은 서로 깊은 관계가 있다. 이 두 가지는 모두 악독을 행사하는 것이다. 우리에게 무슨 일이 있었고, 상대방이 우리를 어떻게 대하든지 악독에 맞서야 한다. 이것은 방어적 자세가 아니라 공격적인 전략이다. 용서나 그것에 견줄 만한 것이 피해의식을 무너뜨린다. 그리고 당신을 피해자가 아닌 승리자로 서게 한다. 당신은 용서를 통해 미래의 모든 상황을 통제하는 승리자가 될 수 있다.

예를 들어 직장에서 뭔가 좋지 않은 일이 예상되는 상사의 메시지를 받았다고 하자. 그런데 당신이 어떠한 상황에도 용서하고 공격하지 않기로 결정한다면, 상사와 소통할 때 공격의 영이 당신을 지배하지 않을 것이다. 타인의 행동은 통제할 수 없지만, 자기 자신은 얼마든지 통제할 수 있다. 당신이 피해의식에 젖어 살지 않으면, 주변의 상황과 상관없이 평안 가운데 살 수 있다.

| 두려움과 소심함

많은 사람들, 특히 트라우마와 씨름하는 사람들은 담대하지 못하다. 담대함은 내향적인지, 외향적인지의 문제가 아니다. 이것은 '하나님이 우리를 위하신다'는 사실을 얼마나 믿느냐의 문제이다.

용기와 담대함은 하나님이 우리와 함께하신다는 사실을 믿음으로 나아가 그분이 말씀하신 대로 우리가 할 수 있다는 것을, 하나님이 우리를 도우신다는 사실을 신뢰하는 것이다. 하나님이 위하시면, 누가 우리를 막을 수 있겠는가?

우리의 확신과 자신감의 근거가 우리의 지혜와 기술과 능력이라면, 언젠가 실패를 경험하게 될 것이다. 아무리 성공한 사람이라도 결국은 실패하게 만드는 상황을 직면하게 될 것이다. 성공적인 사람들은 지나치게 자신을 신뢰해 왔기 때문에 실패가 무엇보다 힘겨울 수 있다. 개인의 실패는 자신감의 결여를 초래하여 두려움을 가져오고, 심지어 소심함에까지 이르게 할 수 있다. 이때 우리는 자신이 나약하고 무능하다고 느낀다.

> 용기와 담대함은 하나님이 우리와 함께하신다는 사실을 믿음으로 나아가 그분이 말씀하신 대로 우리가 할 수 있다는 것을, 하나님이 우리를 도우신다는 사실을 신뢰하는 것이다.

자신의 역량이나 능력에 자신감을 갖는 것 자체는 아무 문제가 없다. 문제는 스스로를 가장 중요한 존재라고 생각하는 데 있다. 트라우마는 당신이 통제불능이며 무가치한 존재이고 억울하다는 생각이 들게 만든다. 그래서 하나님마저 당신의 삶에 일어나고 있는 일을 어떻게 하실 수 없다는 생각을 하게 되는데, 이것은 명백한 거짓이다.

다음은 글로벌 어웨이크닝 컨퍼런스에서 치유된 여인의 간증이다. 그녀는 치유를 위해 기꺼이 스스로에 대한 통제권을 포기하고 하나님을 신뢰했다.

⋮

저는 아동 학대와 주술과 마법의 피해자입니다. 저의 계모는 부두교를 경배하기 위해 저의 머리카락을 통째로 잘랐습니다. 저는 10대 후반에 군에 입대하여 10년간 특수 작전을 맡았다가 외상 후 스트레스 장애 때문에 퇴역해야 했습니다. 의사는 저의 트라우마는 치료할 수 없다고 하였습니다.

트라우마로부터 벗어나기 위해 기도하던 중 잠시 하나님의 임재를 느꼈지만, 치유되지는 않았습니다. 예수님께 어떻게 해야 할지 보여 달라고 기도하고 또 기도했습니다. 그러던 중 결국 제가 통제권을 내려놓아야 한다는 사실을 깨달았습니다. 스스로 트라우마와 담대하게 맞서 봤지만, 효과가 없었습니다. 그 누구도 자신의 부서진 삶을 고칠 수 없습니다. 오직 예수님만이 치유하실 수 있습니다.

제가 기꺼이 통제권을 내려놓고 약해지자, 치유되고 해방되었습니다. 처음에는 약한 곳으로 들어간다는 생각에 감정이 요동쳤지만, 기도받기로 결단하자 치유되었습니다. 그것은 신성한 약속이었습니다. 저는 예수님이 여러분을 더없이 사랑하신다고 말하고 싶습니다.

고린도후서 12장에서 바울은 자신에게 하나님께 부르짖게 만드는 육체의 가시가 있다고 말한다. 나는 이 가시가 그를 박해하는 사람을 가리킨다고 생각한다. 바울은 우리가 연약할 때 예수님이 가장 아름다운 방법으로 그분의 능력을 나타내신다고, 그것이 가시를 통해 주시는 하나님의 메시지라고 말한다.

내가 하나님에 대하여 알게 된 가장 놀라운 사실은, 그분이 우리를 부르실 때 이미 우리의 연약함을 고려하셨다는 것이다. 하나님은 나에 대해 모든 것을 아시고도 나를 부르셨다. 이유가 뭘까? 내가 약하고 실패할 때, 그곳에서 그분이 나를 붙들어 일으켜 주실 것이기 때문이다. 그것을 깨달을 때, 곧 내가 하나님을 위해 살아가고, 내가 하는 일들이 그분을 위한 것이라면, 용감해질 수 있다. 하나님이 나의 능력이 되시기 때문이다. 나의 담대함은 하나님으로부터 온다. 이것은 나의 능력과는 무관하다.

| 비판(참소)의 영

때때로 원수는 트라우마로 신음하는 자들에게 비판의 영으로 나타난다. 우리는 모두 말씀에 따라 부름 받았다. 성경은 우리가 서로 권면해야 한다고 말한다(살전 5:11 참조). 서로 권면하는 것은 말 그대로 용기를 주는 것이다. 그들이 어떤 사람이든 괜찮다고 말함으로 진정한 그들의 모습으로 살아갈 수 있도록 용기를 주는 것이다.

그런데 종교는 '사람들이 당신의 본모습을 알면 당신을 거부할 것'이라고 거짓말한다. 그러나 수치와 죄책감, 죄와 관련된 모든 것이 전부 예수님과 함께 이미 십자가에 못 박혀 장사되었다. 그러므로 우리의 참된 자아는 우리가 저지른 죄가 아니며, 우리의 과거도 아니다. 우리가 예수 그리스도 안에 거할 때 새로운 피조물이 된다. 이전 것은 지나가고 모든 것이 새로워졌다(고후 5:17 참조).

이러한 깨달음 가운데 우리는 무슨 일이 일어나고 있든지 다른 사람을 격려하고, 그들 안에 있는 잠재력을 일깨울 수 있다. 타인의 삶에서 티를 발견하는 것은 쉬운 일이다. 그러나 우리에게는 하나님의 눈으로 그들의 내면에서 보물을 발견하고, 예수님의 눈으로 그들을 있는 그대로 바라보는 자세가 필요하다.

예수님은 당신 안에서 비판의 영을 몰아내시고, 그 자리를 성령으로 채우실 것이다. 살아 계신 하나님의 영이 우리 안에 계시면, 하나님으로부터 치유와 사랑의 말씀, 우리의 인생에 대한 소망의 말씀을 듣게 된다. 당신이 그 외에 다른 것을 듣고 있다면, 성령의 음성을 듣고 있는 것이 아니다.

> 살아 계신 하나님의 영이 우리 안에 계시면, 하나님으로부터 치유와 사랑의 말씀, 우리의 인생에 대한 소망의 말씀을 듣게 된다. 당신이 그 외에 다른 것을 듣고 있다면, 성령의 음성을 듣고 있는 것이 아니다.

대적의 능력 끊기

이 땅에서 우리의 부르심과 목적은 우리에게 임한 하나님의 평강으로 그분께 영광을 돌리는 것이다. 하나님이 당신의 마음 가운데 드러내신 것이 있다면, 지금 예수 이름으로 그 수치심을 끊어 버리라. 예수 이름으로 죄책감을 끊어 버리라.

예수 그리스도 안에는 정죄함이 없다. 하나님은 율법이나 규칙, 또는 도달할 수 없는 것들을 추구하며 살라고 당신을 부르신 것이 아니다. 생명의 영이 당신을 자유케 한다. 스스로 부족하다는 생각이 들 때, 다음과 같이 기도하라.

> PRAY
>
> 성령님, 도와주소서! 성령님은 저의 연약함을 아십니다. 성령님은 저의 부족한 면이 무엇인지 아십니다. 도와주소서, 성령님. 성전 미문의 나면서부터 걷지 못하던 사람처럼 제 인생이 치유와 변화를 받아 자유해지기 원합니다. 아멘.

트라우마를 치유하시는 하나님

Chapter 6

Chapter 6 트라우마를 치유하시는 하나님

오늘날, 하나님 아버지는 그분의 모든 자녀들이 그분의 본래 뜻에 따라 온전함 가운데 행하게 하시려고 우리를 부르고 계신다. 그분은 각 사람에게 부여하신 이름으로 우리를 부르고 계신다. 그것은 바로 "사랑하는 ○○"이다. 당신은 소중한 존재이며, 하나님의 호의를 입은 자, 그분의 마음을 기쁘시게 하는 자이다. 하나님이 당신을 그렇게 지으셨기 때문이다.

당신이 어떤 삶을 살아 왔고, 삶에 어떻게 반응해 왔든지, 그리고 사람들이 당신을 어떤 식으로 대해 왔든지 당신에 대한 하나님의 생각과 마음은 변하지 않는다. 그분의 눈에 당신은 참으로 보배로운 존재이다. 당신이 너무나 소중하기 때문에 하나님은 독생자 아들을 보내셔서 원수의 속박으로부터 당신을 구하셨다.

서구 문화권에서는 올바른 처방이나 수단만 있어도, 그것이 우리의 모든 것을 변화시키고 모든 문제를 해결할 수 있다고 생각한다. 목회상담 석사학위를 가진 나에게는 관련 분야를 훈련하고, 기도 모델이나 사람들을 섬기는 방법을 배우는 것이 중요하다. 그러나 궁극적으로 중요한 것은 예수님이 그분의 신부를 치유하신다는 사실이다. 위로자로 오셔서 우리 영혼을 소생시키기 위해 필요한 모든 것을 책임지시는 성령님의 능력이다.

다윗은 시편 23편에서 예수님을 '부족함이 없도록 우리의 영혼을 소생시키시는 목자'로 선포했다. 이것은 다윗이 회복과 도움이 필요한 영혼의 상태는 물론, 하나님의 회복을 경험해 보았다는 의미이다. 그렇지 않다면 어떻게 '우리의 영혼이 완전히 회복되어 부족함이 전혀 없다'고 고백할 수 있겠는가? 개인적 경험 없이는 결코 그러한 결론에 도달할 수 없다.

대부분의 사람들은 한 번쯤 깨어진 마음으로 방황한다. 성경은 깨어짐을 '겸손 가운데 나타나는 삶의 높은 가치'로 이야기한다. 하나님이 어떻게 우리를 깨뜨리시고, 어떻게 깨어진 그릇으로 사용하시는지에 대하여 지금껏 무수히 많은 설교들이 있었다. 그런데 문제는 '깨어짐에 있어 하나님이 하시는 일'과 '우리 영혼을 깨뜨리고 무너뜨리기 위해 원수가 하는 일'을 분간하기 어렵다는 것이다.

사실 여기에는 큰 차이가 있다. 만약 우리가 깨어진 영혼으로 방황하면서 하나님을 탓한다면, 그분이 우리를 치유해 주신다는 사실을 신뢰하기가 어렵게 된다.

주님은 포로 된 자를 자유케 하신다

우리는 믿는 자들이며 예수님을 사랑한다. 하지만 우리의 영혼과 삶에는 잘못된 자아상과 정체성이 들어와 있다. 우리가 오랫동안 속박된 상태로 살면, 그것이 우리의 정체성이라는 원수의 거짓말을 믿게 된다. 우리는 이렇게 깨어진 마음으로 방황하고, 수치심과 죄책감으로 우리를 사로잡고 속박하는 것들이 우리의 일부가 아니라는 사실을 깨닫지 못한다.

대다수의 성도들이 깨어짐이 우리의 정체성이라는 말을 들어 왔다. 그러나 이것은 원수의 거짓말이다. 하나님 아버지는 절대로 우리를 트라우마 환자, 중독자, 죄 많은 자, 형편없는 자, 수치스러운 자로 보지 않으신다. 하나님은 태초에 창조하신 대로 우리를 온전하고 건강한 자로, 악한 영으로부터 자유한 자로 보신다.

당신은 영, 혼, 육을 갖고 있다. 영은 성령이 오셔서 함께하시는 곳이며, 정신과 의지와 감정이 혼을 구성한다. 메시아 예수님의 약속은 가난한 자, 귀신 들린 자, 희생당한 자들에게 복음을 가져오는 것이었다. 주님은 충격적인 경험으로 깨어진 영혼들을 치유하심으로 이 복음을 구현하셨다.

> 하나님 아버지는 절대로 우리를 트라우마 환자, 중독자, 죄 많은 자, 형편없는 자, 수치스러운 자로 보지 않으신다. 하나님은 태초에 창조하신 대로 우리를 온전하고 건강한 자로, 악한 영으로부터 자유한 자로 보신다.

나는 신학대학을 졸업하고 결혼한 뒤 일리노이 남부로 이사해 저명인사의 교회에서 전임사역을 했다. 그곳에서 대학에서 배운 것을 모두 쏟아 부으며 내가 얼마나 훌륭하고 실력 있는 목사인지 보여 줄 계획이었다. 석사학위를 받고 침례교 목사 직분을 받으면 내 혼의 문제를 해결하게 될 것이라고 생각했기 때문이다.

그러나 그것은 거짓이었다. 나에게는 어린 시절부터 굳어진 생각과 견고한 진이 있었는데, 그 모든 것을 목회 사역 안으로 가지고 들어온 것이다. 모든 일이 순조롭게 진행되고 있는 동안에는 그 모든 것을 내 삶의 후미진 곳에 방치해 둘 수 있었다. 그러다가 사역과 인생의 실패를 경험하게 되면서 비로소 나의 깨어진 내면이 드러났다.

나는 수년간 사역하면서 많은 이들이 자기 내면에 어떤 것이 변화되면 모든 것이 잘될 것이라는 희망을 품고 산다는 것을 알게 되었다. 그러나 이 거짓된 희망은 악한 거짓의 영이 심어 놓은 것으로, 무력감과 절망감을 낳는다.

나의 깨어짐이 드러났을 때, 내가 전쟁터 한가운데에 있다는 사실을 깨달았다. 나는 매일 아침 일어날 때마다 내 삶을 향한 하나님의 꿈을 놓고 씨름하였다. 그때마다 원수는 하나님이 사랑하는 자녀에게 주신 약속을 죽이고 훔치고 멸망시키려 했다. 그러나 정신 차리고 현실을 깨닫기 시작하면서 내 혼을 사로잡고 있던 죄와 유혹, 거짓은 진정한 나의 정체성이 아니라는 사실을 인식하게 되었다. 나는 비참하고 고통스러울 때면 거룩하게 보이려고 애쓰고 부단히 노력했지만, 더 이상 버틸 수가 없었다.

사랑받는 아들과 딸로 살기

빌 존슨은 어떻게 예수님이 완벽한 신학이신지 설명한다. 그는 우리가 하나님에 대해 생각하는 것 중 예수님 안에서 찾을 수 없는 모든 것은 검증할 필요가 있다고 말한다. 예수님이 아버지를 완벽하게 대표하시는 분이기 때문이다.

하나님을 아버지라는 측면에서 생각해 볼 때, 우리는 예수님이 나타내시는 하나님은 어떤 분이신가에 초점을 맞춰야 한다. 따라서 우리는 동일한 빛 가운데 우리 자신을 조명해 볼 필요가 있다. 하나님은 그분의 자녀들이 육신과 경험, 욕망에 매인 위치에서 벗어나 하나님의 사랑받는 상속자의 자리로 들어가도록 부르고 계신다.

많은 사람들이 아픔을 지닌 역기능 가정에서 태어난다. 주님은 그런 우리가 중독자로 살지 않게 하시려고 십자가에서 죽으셨다. 따라서 우리에게 수치심과 죄책감을 느끼게 만드는 압박이나 충동을 가지고 살 필요가 없다. 더 이상 저주 아래 살 필요가 없다. 우리는 예수 이름 안에서 자유로울 수 있다.

우리 집안에는 정신이상이나 알코올 중독, 자살의 그림자가 따라다녔다. 하지만 예수 그리스도께서 오셔서 나를 구원해 주셨다. 주님이 나를 자유케 하시고, 나의 가족도 구원하셨다.

도덕적인 문제로 넘어지는 크리스천 리더들의 소식을 들을 때마다 나는 그들을 판단하지 않는다. 구원과 의의 메시지를 전하는 목사가 되는 것이 어떤 의미인지 잘 알기 때문에 눈물만 흘릴 뿐이다. 그리고 하나님 앞에 거룩하게 사는 것에 대하여 설교하고, 주일 밤에 집으로 가서 하나님께 부르짖어 기도한다. "주여, 이 절망감과 깨어진 마음을 떨쳐 버릴 수가 없습니다."

성경은 인생을 토기장이의 손에 있는 질그릇에 비유한다. 토기장이는 하나님이시다. 다행스럽게도 예수님께서 모든 깨어진 마음과 영혼, 산산조각 난 삶을 위해 죽으셨다. 주님은 산산조각 난 우리 삶의 조각들을 다시 모으실 수 있는 분이다.

십자가에서 완성된 예수님의 사역으로 인해 하나님은 당신의 삶에서 승리를 보신다. 하나님은 수치심과 죄책감, 정죄감에 고정된 시선을 옮겨 예수 그리스도 안에 있는 것에 집중하도록 당신을 부르고 계신다. 당신은 그리스도의 '의' 가운데 살아갈 수 있으며, 그렇게 할 때 자기혐오에서 벗어나게 될 것이다.

우리가 하나님의 사랑을 경험하는 데 어려움을 겪는 것은 그 사랑을 숨기시기 때문이 아니다. 우리 마음속에 하나님의 시선으로 우리 자신을 보지 못하도록 가로막는 장애물이 있기 때문이다.

수년 동안 문제들을 안고 씨름하면서 거울 속의 내 눈을 바라볼 수 없었다. 내 모든 과거와 현재의 행위에 수치심과 죄책감을 느꼈기 때문이다. 나 자신이 하나님의 사랑을 경험할 자격이 없는 위선자 같았다.

당신은 하나님이 이미 당신에 대한 결정을 내리셨다는 사실을 깨달아야 한다. 하나님은 무조건 당신을 사랑하신다. 이후로 당신이 무엇을 하든, 당신을 향한 하나님의 사랑의 질이나 양은 달라지지 않는다.

하나님은 부족함 없는 영원한 사랑으로 당신을 사랑하기로 이미 결정하셨다. 그리고 당신이 어머니의 태에 잉태되었을 때, 당신을 향한 최고의 꿈을 이루겠다고 약속하셨다.

> 하나님은 부족함 없는 영원한 사랑으로 당신을 사랑하기로 이미 결정하셨다. 그리고 당신이 어머니의 태에 잉태되었을 때, 당신을 향한 최고의 꿈을 이루겠다고 약속하셨다.

하나님은 이미 십자가의 예수님을 통해 죄와 중독과 거짓의 문제들을 모두 해결하셨다. 그분은 당신에 대한, 당신을 위한 결정을 내리셨다. 이제 당신이 해야 할 일은 당신에 대하여 하나님이 말씀하시는 진리로 나아가는 것이다.

다음은 트라우마를 치유받은 한 남자의 간증이다.

⋮

저는 의무병 시절에 열사병에 걸린 적도 있고, 번개에 맞아 부상을 입은 적도 있습니다. 그 후유증으로 섬유근육통이 생겨 점점 쇠약해졌고, 결국 일을 할 수 없어 수입이 끊기고 말았습니다. 제 머릿속은 수많은 생각들로 뒤죽박죽되어 오랜 기간 우울증과 씨름하였습니다. 자존감은 바닥으로 떨어졌고, 자살 충동과 아픔이 지속되었습니다. 이 모든 것이 결혼을 앞둔 제게 부담이 되는 상황이었습니다. 저는 소망이 없었습니다.

항상 타인을 도우며 활동적으로 살던 저는 스스로 아무것도 아닌 존재가 된 것 같았고, 매일 이런 생각을 되뇌었습니다. '나는 어디로 가고 있지?' '지금 하나님은 어디에 계시지?' '완전히 길을 잃어버린 것 같아.' 저는 마음이 고통스러워서 하나님께 칭얼거리며 불평했습니다. "하나님, 어디에 계신가요? 제가 사랑하는 하나님은 이런 분이 아니시잖아요. 저를 보세요. 너무나 아프고 괴롭습니다."

저는 평생 기독교인으로 살면서 전도도 많이 했고, 그것이 얼마나 효과적인지 이해하고 있다고 생각했습니다. 그럼에도 사실 저는 자유롭지 않았습니다. 이런 모습을 안타까워하던 친구들은 저를 존이라는 사람에게 데려갔습니다.

저의 상태를 묻는 존에게 괜찮다고 대답했지만, 성령께서 존에게 말씀하셨습니다. "그렇지 않다. 그는 이야기해야 한다." 존이 저를 위해 기도해 줄 때, 사실 치유를 기대하지 않았습니다. 마음이 편하지도 않고, 치유를 믿지도 않는다고 말했습니다. 저는 하나님과 예수님이 치유하실 수 있다는 것을 알았습니다. 그러나 그것은 일어났던 적도 없었고, 교회에서 볼 수 있는 일도 아니라고 생각했습니다.

그때 저와 연결된 어떤 존재가 치유는 실재이며 좋은 것이라고 말했습니다. 그래서 마음을 열고 기도를 받았습니다. 저는 기도를 통해 강한 안도감을 느끼며 자유를 경험하기 시작했습니다. 기도받은 다음 날, 아침에 일어났는데 평소와 달리 아프지 않다는 것을 깨달았습니다. 저는 그저 좋은 날이라고 생각했습니다. 이런 일은 어쩌다 한 번씩 일어났기 때문입니다.

종종 고통에서 자유로워져도 하루 만에 다시 고통이 찾아오곤 했습니다. 저는 고통을 없애려고 많은 시도를 했습니다. 신경정신과 약도 먹고 운동도 했습니다. 그런데 기도를 받은 후 무언가 달라진 것이 느껴졌습니다. 평소보다 더 편안

했습니다. 시험의 때를 통과하여 마침내 치유된 것입니다. 섬유근육통은 깨끗이 사라졌습니다.

저에게는 트라우마와 관련된 죄책감이 있었는데, 그것도 기도를 통해 떠나 보냈고, 이제는 자유로워졌습니다. 더 이상 수치심이나 죄책감 같은 부정적인 감정이 없습니다. 하나님은 언제나 저를 향한 계획을 갖고 계시며, 사랑으로 저를 돌보십니다.

당신이 하나님의 눈으로 자신을 바라볼 때, 형통한 삶을 살 수 있습니다. 하나님의 시선과 당신을 향한 하나님의 사랑과 계획을 통해 진정한 자아를 보는 것보다 훌륭한 일은 없습니다. 어떤 사건이 발생한 것은 반드시 그 과정이 필요하기 때문입니다. 그것을 통해 하나님이 당신을 얻으셨습니다.

치유 기도를 통해 깨달은 사실은 괜찮다는 것입니다. 모든 것이 괜찮습니다. 치열한 전쟁 가운데 선하신 하나님이 역사하십니다. 하나님은 어느 것 하나도 방치되기를 바라지 않으십니다. 하나님은 이 세상 무엇보다 제 안에서 가장 크십니다.

잃어버린 것 회복하기

앞에서 언급했듯이, 부유한 서구 선진국의 문화는 쉽게 버리고 소비하는 경향을 보인다. 만약 어떤 것이 고장나서 멈추면, 그것을 고치기보다는 버리고 새것을 산다. 심지어 교회에서도 사람들이 마땅히 해야 할 일을 중단하고 기대에 부응하지 못하면, 우리는 그들을 내치거나 그렇지 않으면 최소한 그들을 피함으로 우리와 무관한 존재로 여기는 경향이 있다.

그러나 하나님 나라는 쓰고 버리는 문화가 아니다. 예수님은 모든 것을 새롭게 만드셨다. 예수님은 상한 사람들을 다시 모으셔서 하나님의 계획대로 살아가게 하신다. 백성들을 향한 하나님의 언약의 축복은 샬롬의 약속, 삶의 전 영역에서의 완전함에 대한 약속이다.

느헤미야서는 한때 하나님의 임재와 능력이 머물던 도시 예루살렘으로 돌아오시는 하나님을 아름답게 묘사하고 있다. 예루살렘은 지구상의 보석과 같은 곳이었다. 그럼에도 불구하고 그 땅에 심겨진 하나님의 사람들은 그분을 등지고 우상을 숭배했다. 그 결과 바벨론 군대가 예루살렘을 대적하여 무너뜨렸다. 도시를 보호하던 성벽이 모두 무너져 대적이 자유롭게 드나들 수 있게 되었다.

> 백성들을 향한 하나님의 언약의 축복은 샬롬의 약속, 삶의 전 영역에서의 완전함에 대한 약속이다.

당시 예루살렘에 거주하지 않았던 느헤미야는 황폐하게 변해 버린 그 도시의 소식을 들었다. 그는 하나님의 사람으로서 예루살렘에 일어난 일들로 인해 눈물을 흘렸다. 하나님은 예루살렘으로 돌아가 도시를 재건하도록 느헤미야의 마음에 감동을 주셨다. 과거의 보석과 같던 모습을 회복시키시기 위해서였다.

느헤미야가 처음으로 한 것은 예루살렘 성벽을 재건하는 일이었다. 그는 불에 그을린 돌들로 성벽을 재건했다. 이 돌들은 도시가 파괴

될 때 성벽에서 떨어진 것들이었다. 느헤미야는 타 버린 돌들을 가져다 성벽을 재건하는 데 사용했다. 이것은 하나님이 우리의 상한 영혼을 어떻게 재건하시는지를 보여 준다.

당신을 향한 하나님의 초대(시편 23편)

하나님께서 당신의 인생을 향해 예비해 두신 꿈으로 들어가도록 당신을 초대하고 계신다. 이 일은 당신이 예수 그리스도 안에서 하나님의 의라는 진리를 받아들임으로 시작된다. 이것이 하나님이 당신을 보시는 방식이다. 그분은 당신도 이와 같이 자신을 바라보기 원하신다.

하나님은 당신의 영혼을 회복시키시면서 산산조각 난 인생을 온전히 이어 붙여 주고 싶어 하신다. 하나님의 선하심과 인자하심이 날마다 당신을 따르고 있다. 뿐만 아니라 하나님은 그분의 집에 영원히 거하는 사랑의 자리로 당신을 초대하신다.

시편 23편에서 다윗은 주님을 '애정 어린 관심으로 양떼를 안전하게 보호하고 육체적·정신적 필요를 공급하시는 선한 목자'로 비유했다. 하나님의 선하심과 은혜는 시편 23편 각 절에 분명하게 나타나 있다.

푸른 초장을 함께 거닐고 고요한 물가에서 쉬며 당신을 위해 준비된 의의 길을 걷자고 권하시는 하나님의 초대에 지금 응하라. 하나님은 당신을 초대하고 계신다. 그분은 원수 앞에 차려 놓은 식탁에 당신을 앉히시고, 어떻게 치유하시고 양자의 영을 받아 하나님과 함께 영원히 자유롭게 살게 되는지 보여 주실 것이다.

여호와는 나의 목자시니 내게 부족함이 없으리로다 그가 나를 푸른 풀밭에 누이시며 쉴 만한 물 가로 인도하시는도다 내 영혼을 소생시키시고 자기 이름을 위하여 의의 길로 인도하시는도다 내가 사망의 음침한 골짜기로 다닐지라도 해를 두려워하지 않을 것은 주께서 나와 함께 하심이라 주의 지팡이와 막대기가 나를 안위하시나이다 주께서 내 원수의 목전에서 내게 상을 차려 주시고 기름을 내 머리에 부으셨으니 내 잔이 넘치나이다 내 평생에 선하심과 인자하심이 반드시 나를 따르리니 내가 여호와의 집에 영원히 살리로다 (시 23:1-6)

Supernatural Freedom from the Captivity of Trauma

하나님의 선물, 자유

Chapter 7

Chapter 7 하나님의 선물, 자유

영화 〈브레이브 하트〉를 기억하는가? 이 영화는 잉글랜드의 폭군 에드워드 1세에 맞서 저항 세력을 이끌던 스코틀랜드의 평민 윌리엄 월리스의 이야기이다. 그는 가족과 함께 행복하게 살고 싶었다. 하지만 스코틀랜드를 압제하는 자들이 그의 꿈을 앗아갔다. 그는 싸움을 원치 않았지만, 생명의 대가를 치르고서라도 민족의 자유를 쟁취해야 한다는 사실을 깨닫게 되었다.

이 영화에는 자유를 갈망하는 사람들의 모습이 생생하게 담겨 있다. 당신은 자유를 갈망하는가? 주위 사람들을 위해 당신의 자유를 기꺼이 포기하겠는가?

전진하라, 교회여!

지금은 영혼 추수를 위해 역사적으로 매우 중요한 시기이다. 세계

곳곳에 가공할 만한 자원들이 있고, 하나님의 사랑과 능력이 부어지고 있다. 역사상 그 어느 때보다 사람들이 구원과 치유, 자유를 갈망하고 있다. 이 추수에 참여하는 것은 우리 모두에게 열려 있는 특권이다.

나에게는 히브리서 12장에 근거한 믿음이 있다. 아담과 하와와 예수님의 열두 제자, 사도와 선지자, 복음전도자, 목사, 교사, 마틴 루터와 칼빈, 윌리엄 시무어 등과 같은 믿음의 선진들이 천국에서 우리를 내려다보며 이렇게 말한다. "전진하라, 교회여! 우리가 이날을 위해 기도했다. 우리가 이날을 위해 금식했다. 우리는 지금 너희가 걸어 들어가는 그것과 함께 지상에 있기를 원한다." 그들은 하늘의 상급을 누리고 있는 중에도 이 시대를 살아가는 우리에게 허락된 것들에 지대한 관심을 가지고 있다. 내 친구 톰 존스는 이렇게 말한다. "이곳이라고 왜 안 되겠는가? 지금이라고 왜 안 되겠는가? 우리라고 왜 안 되겠는가?"

바울은 예수 그리스도 안에 정죄함이 없다는 기막힌 선포로 로마서 8장을 시작한다. 생명의 영이 죄와 사망의 법으로부터 우리를 해방하였기 때문이다. 하나님과의 특별한 관계에 대한 그의 이야기를 살펴보면, 우리가 하나님의 자녀라는 사실을 알 수 있다.

> 무릇 하나님의 영으로 인도함을 받는 사람은 곧 하나님의 아들이라 너희는 다시 무서워하는 종의 영을 받지 아니하고 양자의 영을 받았으므로 우리가 아빠 아버지라고 부르짖느니라 (롬 8:14-15)

우리를 향한 하나님 아버지의 메시지 중 하나는 양자의 영 안에서 발견되는 자유에 관한 것이다. 하나님은 자신의 아들과 딸들에게 우리가 자유롭게 그분의 자녀가 될 수 있다는 사실을 알려 주고 싶어 하신다. "영접하는 자 곧 그 이름을 믿는 자들에게는 하나님의 자녀가 되는 권세를 주셨으니"(요 1:12). 이러한 자유에는 하나님의 목적이 있다는 사실을 이해해야 한다. 사도 바울은 이 목적에 대해 다음과 같이 말한다. "그리스도께서 우리를 자유롭게 하려고 자유를 주셨으니"(갈 5:1). 또 이사야 선지자는 다음과 같이 설명한다.

> 주 여호와의 영이 내게 내리셨으니 이는 여호와께서 내게 기름을 부으사 가난한 자에게 아름다운 소식을 전하게 하려 하심이라 나를 보내사 마음이 상한 자를 고치며 포로 된 자에게 자유를, 갇힌 자에게 놓임을 선포하며 (사 61:1)

우리가 그리스도 안에서 자유할 때, 다른 사람들을 자유로 이끌 수 있다.

진정한 자유

우리가 구원받고 자유를 얻은 것은 우리의 능력을 초월하는 목적을 위해서이다. 그런데 그 목적으로 들어가기 전, 진정한 자유가 무엇이며, 실제로 우리가 누릴 수 있는 자유가 어떤 것인지 이해해야 한다.

우리는 교회 안에 종교의 영, 반역의 영이 퍼뜨리는 거짓 자유가 있다는 사실을 알아야 한다.

1960년대에 일부 사람들이 개인의 자유에 짐이 된다고 여기던 족쇄가 끊어지는 일이 있었다(기성세대의 사회적 통념과 제도, 가치관을 부정하고 탈사회적 행동을 추구한 히피 운동을 가리킴 - 역자 주). 여기서 짐은 정의, 공의, 순수와 관련하여 문화의 도덕체계를 형성하는 사회규범을 말하는 것이었다. 나는 자유를 향한 이러한 움직임에 불을 붙인 것이 악한 영이라고 생각한다. 이 일을 계기로 원수는 전 세대의 수백만 명을 음행과 마약, 중독의 길로 몰아넣어 멸망케 했다. 결국 동일한 영의 영향으로 1973년에는 낙태법이 제정되어 수백만의 태아들이 희생되고 말았다. 사람들은 그것을 자유라고 부르지만, 그것은 철저히 왜곡된 것이었다.

그들이 추구하던 자유에는 대가가 따랐다. 그들이 포용하고 있던 음행과 마약, 중독, 낙태와 같은 것들은 더 많은 사슬과 족쇄, 짐이 되어 수많은 생명을 파괴했다. 이것이 바로 모든 인생을 향한 하나님의 꿈을 훔치고 죽이고 멸망시키려는 악한 영의 계획이다. 이처럼 거짓된 자유가 있다는 사실을 인지할 때, 올바른 정의를 내리는 것의 중요성을 알게 된다.

자유의 거짓 정의

밥 햄프는 그의 저서 《다르게 생각하고 다르게 살라》(Think Differently

Live Differently)에서 자유에 대한 거짓 정의 세 가지를 소개하였는데,[4] 간단하게 정리하면 다음과 같다.

| 경계의 부재

자유에 대한 거짓 정의 중 첫 번째는 아무 경계 없이 사는 것이다. 성경은 이렇게 말한다. "좁은 문으로 들어가라 멸망으로 인도하는 문은 크고 그 길이 넓어 그리로 들어가는 자가 많고"(마 7:13). 경계 없는 삶의 전제는 '아무런 제약 없이 살면, 자유롭게 내가 원하는 존재가 되고 내 마음대로 행동할 수 있다'는 것이다.

이것의 문제는 하나님께서 인류에게 경계를 정해 주셨다는 사실이다. 그분이 인색하거나 분노에 찬 하나님, 복수심에 불타는 하나님이 아니시기 때문이다. 하나님은 자신의 백성이 축복을 알고 자유를 누리며 보호받을 수 있도록 경계를 정하셨다.

보통 야생마를 훈련시킬 때, 울타리 안에 말을 몰아넣고 경계를 파악하도록 유도한다. 어느 정도 적응이 되어 말이 경계를 알게 되면, 아무리 거칠어도 끝내 진정을 찾게 되므로 한결 수월하게 길들일 수 있다. 말들이 울타리의 경계 안에서 안정감을 느끼기 때문이다.

우리는 하나님을 신뢰한다. 그럼에도 어두운 밤이 되면, 꼼꼼하게 문단속을 한다. 그렇게 하는 것이 안전하기 때문이다. 우리는 두려움 때문에 이렇게 하는 것이 아니다. 경계를 정하라는 하나님의 부르심을 받았기 때문에 이 일들을 하는 것이다. 자유에 경계가 없다는 생각은 원수의 거짓말이다.

건강한 사람에게는 경계가 있다. 그리고 건강한 관계에도 경계가 있다. 지속적으로 경계를 침해하려는 사람들, 또 자신들의 요구에 부응해 주기를 바라는 사람들이 얼마나 많은가? 그런 사람들과는 경계를 설정하여 거리를 유지하는 것이 필요하다. 그리고 가까운 사이일수록 적절한 경계를 지키는 것이 건강한 관계 유지에 필수적이다.

겸손의 부재

자유에 대한 두 번째 거짓 정의는 '겸손의 부재'이다. 이 정의에 따르면, 우리는 우리에게 일어난 일의 근본 원인이 아니라 증상들을 치유하는 것에 집중한다. 예를 들어 "내가 나쁜 습관을 끊거나 식습관을 바꾸면 모든 게 더 나아질 거야"라는 식의 자세이다. 이것은 여러 증상들을 자유와 관련된 주요 문제처럼 다루는 것이며, 단순히 저주나 험담, 거짓말 같은 것들을 그만두면, 모든 것이 더 좋아질 것이라고 여기는 것과 마찬가지다.

세상에는 우리를 훈련시키고 나쁜 습관을 교정해 주는 전문치료사나 심리학자, 자기계발서가 아주 많다. 사실상 속박의 근본 원인을 해결해야 진정한 자유를 누릴 수 있는데, 금연을 돕는 최면술사나 행동의 변화를 가져오는 인지행동치료 기법에 더 집중하는 것이다. 이러한 점에 있어서 교회의 책임이 크다. 오늘날 수많은 설교자들이 더 건강한 삶을 살기 위한 5가지 방법, 과식을 끊는 10단계, 중독을 없애는 7가지 방법 등을 설교의 주제로 삼고 있다. 이 모든 것은 자유를 얻기 위해 우리가 할 수 있는 일들이다.

그런데 여기서 문제는 자기 힘으로 얻는 자유는 언제나 가짜라는 것이다. 오직 한 분만이 나의 자유를 위해 기꺼이 대가를 지불하시는데, 그분은 바로 예수님이다. 예수님의 도움 없이 나의 연약함을 고백하고 그분의 능력을 받지 않고도 무언가를 극복할 수 있다면, 그것은 하나님을 의지하지 않고 내 일을 하고 있다는 뜻이다. 하나님과 상관없는 독자적인 삶을 사는 것은 아담과 하와가 저지른 죄였다. 그러나 이것은 아무런 효과가 없는 전략이다. 오직 하나님께서 문제의 근본 원인을 치유해 주실 때, 진정한 자유가 임한다.

참된 정체성의 결여

자유에 대한 세 번째 거짓 정의는 환경이나 관계가 변화되면 문제가 사라질 것이라고 말한다. 자신의 직업이나 결혼생활이 속박처럼 느껴지는 사람들은 더 나은 직업을 가졌더라면, 다른 누군가와 결혼했다면 더 행복했을 것이라고 생각한다. 환경만 변화되면 자유로워질 거라고 여기는 것이다. 그러나 이러한 생각은 진정한 자유를 가져다주지 못하며, 거짓에 불과하다. 당신이 이런 식으로 생각한다면, 실제로 속박된 채 살아가고 있는 것이다.

자유는 당신을 창조하고 구원하신 하나님께 온전히 응답할 수 있는 능력이다. 중요한 것은 하나님이 우리의 삶 가운데 어떤 사람 또는 무언가를 고치거나 변화시키신다는 것이 아니라, 예수님이 우리 각 사람을 위해 십자가에서 가능케 하신 것을 받아들이는 것이다. 살아 계신 하나님과의 관계가 당신을 변화시키고 당신이 반응하는 태도를 변화시킬 때, 주변의 환경이 변화될 것이다. 당신의 눈에 있는 들보를 제거하는 것이 중요하다.

> 자유는 당신을 창조하고 구원하신 하나님께 온전히 응답할 수 있는 능력이다.

예수님이 나를 위해 십자가에서 성취하신 구원과 자유를 신뢰할 때, 우리가 어떻게 그분의 희생을 통해 하나님의 자녀가 되었는지 깨닫게 된다. 하나님께 속한 자녀로서 진정한 자유를 깨닫게 된다. 하나님이 창조하신 대로 그분의 사랑받는 자녀로서 그분께 온전히 반응할 때, 그분의 뜻대로 살아갈 수 있게 된다.

십자가의 자유와 은혜

두려움과 염려, 근심 등 우리를 속박하는 모든 것은 다음의 사실과 관련이 있다. 우리가 하나님의 자녀로서 마음의 자유를 누리지 못하고 있다는 것이다. 이것은 당신과 하나님의 관계를 방해하고, 그분을 온전히 신뢰하지 못하게 하는 무언가가 있다는 뜻이다. 그 무언가로 인해 당신은 하나님이 당신을 자유케 할 뿐 아니라 그것을 지속적으로 누리게 하시고, 삶의 세밀한 부분까지 돌보시는 분이라는 사실을 믿지 못한다.

잠언 3장 5-6절은 이렇게 선포한다. "너는 마음을 다하여 여호와를 신뢰하고 네 명철을 의지하지 말라 너는 범사에 그를 인정하라 그리하면 네 길을 지도하시리라." 여기에 '아마도'라는 말은 없다. 만일 우리가 모든 일에 하나님을 신뢰한다면, 그분이 우리의 길을 지도하실 것이다.

우리의 마음은 무엇보다도 '우리가 누구인지, 진정 누구의 소유인지' 알아야 한다. 이것들은 자유와 은혜가 있는 예수 그리스도의 십자가에서 발견되고 충족된다. 은혜는 단순히 구원받는 것이 아니다. 콜로라도 볼더 교회의 목사로, '약속을 지키는 사람들'과 동역한 고(故) 제임스 라일 목사는 은혜를 다음과 같이 정의한다. "은혜란, 하나님의 임재를 힘입어 그분이 창조하신 모습을 회복하고 나에게 하게 하신 모든 것을 행할 수 있게 되는 것이다."[5]

> 우리의 마음은 무엇보다도 '우리가 누구인지, 진정 누구의 소유인지' 알아야 한다. 이것들은 자유와 은혜가 있는 예수 그리스도의 십자가에서 발견되고 충족된다.

나의 행위나 자유해지려고 스스로 노력하는 것과는 상관이 없다. 은혜를 주시는 하나님 아버지의 임재를 힘입어 예수 이름 안에서 진정한 내가 되는 것이 중요하다. 자유와 은혜는 서로 밀접한 관계가 있다. 우리의 자유가 '사랑의 하나님 아버지의 아들과 딸이라는 정체성'과 연결되어 있다는 사실을 이해하지 못한다면 진정한 자유를 누릴 수 없다.

지금 삶 가운데 자유를 누리지 못하고 있다면, 묶여 있는 것이다.

예수님은 요한복음 8장 31-32절에서 유대인들에게 이것에 대해 설명하셨다. 그런데 이 말씀을 들은 유대인들은 하나님을 믿지 않는 자들이 아니라 믿는 자들이었다. 예수님을 믿는 성도들도 충분히 미혹될 수 있다는 사실을 알고 있는가? 이것이 불가능하다고 생각한다면, 다음의 구절을 다시 읽어 보라.

> 그러므로 예수께서 자기를 믿은 유대인들에게 이르시되 너희가 내 말에 거하면 참으로 내 제자가 되고 진리를 알지니 진리가 너희를 자유롭게 하리라 그들이 대답하되 우리가 아브라함의 자손이라 남의 종이 된 적이 없거늘 어찌하여 우리가 자유롭게 되리라 하느냐 (요 8:31-33)

유대인들은 그들의 역사에도 불구하고 자신들은 종이 된 적이 없다고 주장한다. 출애굽기 3장에서 하나님은 불타는 떨기나무 가운데 모세를 부르시며 그분의 백성을 노예 제도와 속박으로부터 자유케 하라고 하신다. 결국 하나님은 이스라엘 백성들을 약속의 땅으로 데려가 언약의 축복을 주셨다.

그들은 약속의 땅에 정착했으나 그곳에서의 삶에 익숙해지자 변심하여 언약을 붙들지 않았다. 이스라엘은 사사기 내내 하나님을 경배하다가 다시 죄에 빠지고, 하나님께 구원받고 다시 죄에 빠지기를 반복한다. 그들을 사로잡는 죄에 지속적으로 빠졌다.

요한복음 8장 33절에서 유대인들이 종이 된 적이 없다고 말할 때, 사실상 그들은 로마 제국의 속박 아래 있었다. 예수님은 그들에게 이렇게 말씀하셨다. "예수께서 대답하시되 진실로 진실로 너희에게 이르노니 죄를 범하는 자마다 죄의 종이라 종은 영원히 집에 거하지 못하되 아들은 영원히 거하나니 그러므로 아들이 너희를 자유롭게 하면 너희가 참으로 자유로우리라"(요 8:34-36). 이어서 예수님은 그들이 '거짓의 아비'에게 귀를 기울여 왔다고 말씀하신다. 그리고 그 거짓의 아비가 그들의 아버지라고 칭하신다.

> 우리의 자유가 '사랑의 하나님 아버지의 아들과 딸이라는 정체성'과 연결되어 있다는 사실을 이해하지 못한다면 진정한 자유를 누릴 수 없다.

잘못된 정의의 속박

속박은 잘못된 정의에서 시작될 수 있다. '하나님', '우리 자신', '이 세상', '우리에게 가능한 것'에 대한 잘못된 정의들이 실제로 우리를 속박하여 목표가 무엇인지 이해하지 못하게 만들 수 있다. 자유에 대한 정의가 잘못되면, 우리에게 자유를 가져오기는커녕 실상은 더 큰 속박을 향해 돌진하게 될 것이다.

때로 우리는 '하지 않는 것'을 자유로 정의한다. 우리는 음주나 흡연, 나쁜 말을 하지 않는다고 하면서 이런 일들을 행하는 자들을 낮추어 본다. 이것은 소위 '죄를 관리하는 복음'(gospel of sin management)의 자리로 우리를 이끌 수 있다. 이러한 복음은 행동의 변화를 중요시하여 우리 모두가 착한 아들과 딸들이 되어야 한다고 말한다. 이러한 복음 안에서는 끊임없이 스스로를 평가하고 비교하여 잘 행동하고 있는지 확인한다.

그러나 이것은 참으로 어리석은 일이다. 고린도전서 8장도 이것에 대해 이야기하는데, 예수님은 당신으로 하여금 더 나은 행동을 하게 하시려고 이 땅에 오셔서 죽으신 것이 아니다. 우리에게 착한 아들과 딸이 되라고 예수님이 오신 것이 아니다. 우리가 그런 식으로 복음의 정의를 제한할 때, 실제로 제한받는 것은 다름 아닌 우리의 정체성과 삶에서 가능한 것들이다.

우리는 우리가 생각하는 것보다 더 많은 목적을 위해 창조되었다. 이것은 '죄 관리'가 아니라 '정체성'의 문제이다. 하나님이 창조하신 정체성의 자유 가운데 은혜로 살아가는 것이 중요하다.

요한복음 8장 36절은 이렇게 말한다. "그러므로 아들이 너희를 자유롭게 하면 너희가 참으로 자유로우리라." 예수님을 통해 자유가 임할 때, 양자의 영을 받은 자들은 하나님의 사랑받는 자녀로서 악한 영의 죄와 거짓의 속박에서 진정으로 자유한 삶을 살 것이다. 이것은 결코 어렵지 않다.

(PRAY)

예수 이름으로 당신에게 자유를 선포합니다. 당신은 더 이상 포로가 아닙니다. 당신은 예수님의 능력의 이름 안에서 자유합니다! 보혈의 능력이 당신을 자유케 하고, 트라우마의 감옥에서 당신을 풀어 줍니다. 이제 당신은 영·혼·육의 자유함 가운데 살 수 있습니다. 예수님 감사합니다.

Supernatural Freedom from the Captivity of Trauma

자유를 향한 여정

Chapter 8

Chapter 8 자유를 향한 여정

나는 모범적인 침례교인으로 열세 살에 내 삶을 하나님께 드리고 세례를 받았다. 주일마다 예배에 출석하고 청년 모임도 가졌다. 내게 주어진 일들을 모두 해내며 부모님을 기쁘게 해드렸고, 내 삶 가운데 하나님이 계시는 것이 좋았다.

주일마다 선포되는 구원의 메시지를 들었는데, 침례교인으로 한번 구원은 영원한 구원이라는 것을 믿었지만, 목사님이 만족하시도록 처음부터 다시 구원받아야 할 것 같은 기분이 들었다. 목사님은 주일마다 회중이 가득한 곳에서 구원의 메시지를 전하셨는데, 그중 상당수는 40년간 교회를 다닌 사람들이었다.

그러다가 열아홉 살에 삶의 위기를 맞으면서 예수님을 극적으로 만났다. 당시 나는 학교를 그만두고 인간관계가 모두 단절되었으며 아무런 삶의 목적의식도 없었다. 이때 예수님을 만나 극적으로 구원받은 후, 나의 생각과 이해에 큰 변화가 일어났고 하나님을 원망하던 마음도 누그러졌다.

그로부터 2년간 교회에서 청년들이 예수님께 돌아오는 모습을 보며 목회의 부르심을 받았다. 바로 침례교단 소속 대학에 입학해서 강의를 들었고, 졸업 후에 사역을 시작했다. 나는 하나님을 믿고, 예수님을 신뢰하였으며, 성경을 열심히 읽었다.

그 당시 나는 은사중지론자였다. 성경에 기록된 일이 오늘날에도 일어날 수 있다는 사실을 믿지 않았다. '오순절'이나 '은사주의'에 대한 이야기가 나오기만 하면, 기적과 이사와 표적이 오늘날에도 일어날 수 있다고 믿는 사람들을 비판했다.

목회학 석사를 마치고 신학 석사 과정에 들어가면서 일리노이 남부에서 목회를 시작했다. 하나님을 향한 열정으로 충만했던 나는 지난 7년간 배운 것들을 모두 사역에 쏟아 부었다. 그러나 목회를 시작한 지 6개월이 지났는데도 그동안 배운 것들과 교회 성장을 위해 실행했던 당대 최고의 프로그램들이 아무런 효과도 없는 것 같았다.

나는 막다른 골목에 이르러 패배감에 빠지고 말았다. 겨우 6개월 만에 한계를 맛보고 하나님께 부르짖고 있었다. 지금은 웃으며 말할 수 있지만, 그때는 그렇지 않았다. 우리는 결혼한 지 1년 된 신혼 부부였고, 나에게는 해야 할 일이 많았다. 아내와는 좋은 관계를 유지하고 있었지만, 계속되는 문제가 있었다. 우리의 삶 가운데 속박이 있었고, 바로잡아야 할 것들이 있다는 생각이 들었다.

나는 원래 TV 전도 사역자에 대해 꽤 부정적인 시각을 갖고 있었다. 신학교에 다니던 시절에는 주일 밤마다 친구들과 둘러앉아 TV에 나오는 전도 사역자들을 비웃었다. 그런데 목회에 대한 좌절과 회의감에 빠져 있는 가운데 우연히 TBN 생방송에서 제임스 로비슨이 말씀을 전하는 모습을 보게 되었다. 나는 오랜만에 웃어 봐야겠다는 생각으로 잠시 앉아 있었다.

로비슨은 전도 사역자로서 자신이 어떻게 하나님과 동행하며 살아 왔는지, 어떻게 수백만 명 앞에서 사역하고 수천 명이 예수 그리스도를 믿게 했는지에 대하여 간증했다. 그런데 그에게는 아픔이 있었다. 아버지를 본 적이 없는 그는 삶 가운데 정체성의 문제가 있었고, 음욕과 폭식, 자살의 영과 싸워야 했다. 그가 수만 명의 회중들 앞에 나아가기 위해 서 있는데, 자살해야 한다는 음성이 들려왔다고 털어 놓았다.

나는 그것이 무슨 기분인지 알기 때문에 로비슨의 설교에 주의를 기울였다. 나는 속박 속에 사는 삶이 어떤 것인지 잘 알았다. 그중 일부는 결혼과 함께 자연스럽게 해결될 것이라고 생각했다. 어린 시절 홀로 방에 있을 때면 언제나 어떤 음성들이 들렸고, 두려움을 주는 형체들이 보였다. 나는 지금 보았다고 상상한 것이 아니라 실제로 본 것에 대하여 말하는 것이다. 그 상황에서 할 수 있는 일은 몇 가지 놀이를 하며 생각을 떨쳐 버리는 것이었다. 두려움을 해결하기 위해 주의를 분산시키는 습관은 성인이 된 후에도 속박의 형태로 이어졌다.

그날 제임스 로비슨의 간증을 보고 있는 내게 하나님이 말씀하고 계셨다. 나는 결국 그가 인도하는 4일의 집회 중 3일을 지켜봤다. 그가 전하는 메시지의 요점은 자유였다. 로비슨은 카펫 청소부인 밀튼 그린이 댈러스 포트워스 국제공항에서 주최하는 세미나를 언급했는데, 그것이 나를 위한 것이라는 성령님의 음성이 들렸다. 그래서 나는 직접 차를 몰고 가서 세미나에 참석했다.

아무것도 하지 않고 단순히 하나님의 말씀만 읽어 주는 밀튼 그린의 세미나에 3일간 앉아 있는데, 내 눈이 열려 '그리스도를 믿는 성도들을 대적하는 영적 전쟁'을 보게 되었다. 훔치고 죽이고 멸망시키러 나온 악한 영을 보았다. 밀튼 그린은 주로 구약의 말씀을 인용했다. 나는 그곳에서 나 자신이 얼마나 깊이 속박당해 있는지 새롭게 깨닫게 되었다.

세대적 속박의 뿌리

속박이 세대적 뿌리를 갖고 있다는 사실을 아는 사람이 얼마나 될까? 나의 증조부는 프리메이슨이었다. 가문 대대로 내려온 프리메이슨의 저주로 인해 나는 음욕과 두려움, 자존감, 염려의 문제를 안고 있었고, 이 모든 것이 내 성격의 일부라는 거짓에 속고 있었다. 이러한 기질들이 바로 나 자신이라고 믿었던 것이다.

하나님께 내 죄를 용서해 달라고 구한 다음 같은 죄를 계속 반복적으로 지었다. 이 지긋지긋한 악순환은 끈질기게 지속되었다. 나는 잘못된 정의들에 근거한 삶을 살았다. 평생 교회에 다니며 착하게 살았지만, 속박받는 삶을 살고 있었다.

교회가 자유해져야 성도들이 이 땅에 자유, 곧 샬롬을 가지고 올

수 있다. 다른 국가들과 마찬가지로, 미국의 교회는 자유하지 못하기 때문에 추수를 보기 어려울 것이다. 그러나 지금 자유가 임하고 있다.

> 교회가 자유해져야 성도들이 이 땅에 자유, 곧 샬롬을 가지고 올 수 있다.

나는 세미나를 듣고 자유한 사람이 되어 집으로 돌아오는 열네 시간 내내 쉬지 않고 예수님을 찬양했다. 집에 있던 아내는 새로워진 남편, 거침없는 남편을 맞이하게 되었다. 나는 하나님이 불시에 우리를 만지시고 자유롭게 해주신다는 사실을 깨닫게 되었다. 그 영광스러운 시간을 경험하면서 말씀을 읽고 기도했다.

그러다가 핼러윈이 되었다. 부끄럽지만 당시 핼러윈은 우리가 좋아하는 휴일 중 하나였다. 아내인 록산느가 다양한 장식품을 꺼내 놓고 집을 꾸미는데, 호박 위에 빗자루를 탄 마녀 형태의 도자기를 장식하는 것이었다. 나는 깜짝 놀라며 하나님을 향해 불타는 심정으로 악한 것에 속한 그런 물건은 우리 집에 둘 수 없다고 말했다.

나의 문제는 악한 영으로부터 자유해지기는 했지만, 덤불 뒤에 숨어 있는 그것들을 보기 시작했다는 것이었다. 초점이 예수님께 맞춰져 있지 않았던 것이다. 나는 무엇이 잘못되었는가에 집중하고 있었다. 그렇게 왜곡된 시각으로 보면 나를 제외한 모두가 옳지 않아 보인다. 교만의 속박에서 자유해지기는 했지만, 악한 영이 내게 무슨 짓을 하고 있었는지 짐작이 가는가?

우리는 목사관 출입구에 서서 핼러윈 장식을 두고 언쟁을 벌였다.

그러다 어느 순간 더 이상은 참을 수 없어서 내게 지혜의 영이 임했다고 생각하며 이렇게 말했다. "예수 이름으로 명한다. 악한 영아, 말하는 것을 멈추고 내 아내에게서 나와라." 이것이 얼마나 어리석은 일인지 아는가?

진중하고 정직하며 사랑이 많은 록산느는 나의 눈을 보며 말했다. "마이크, 지금 악한 영이 당신에게 말하고 있는 것이 아니에요. 나는 당신의 아내에요." 나는 그 자리에서 회개했다. 우리는 문제를 해결했고, 모든 것이 평화로워졌다. 사실, 하나님을 사랑하는 자 곧 그의 뜻대로 부르심을 입은 자들에게는 모든 것이 합력하여 선을 이루게 된다(롬 8:28 참조). 그래서 나의 어리석은 행동에도 불구하고 록산느가 여러 세대에 걸쳐 내려온 속박으로부터 자유해졌다.

이 사건의 핵심은 세대적 저주와 속박에 매여 있던 우리 가정이 자유해졌다는 것이다. 당시 우리는 자녀를 갖는 데 어려움을 겪고 있었다. 그런데 하나님의 은혜로 자유를 찾고 얼마 지나지 않아 아기를 갖게 되었다.

당신은 자유에 대한 잘못된 정의들에 묶여 자신의 참된 정체성을 오해하고 있을 수 있다. 아버지 하나님에 대한 정의를 바르게 세울 수 있다면, 스스로에 대한 정의도 바르게 확립될 것이다. 하나님이 사랑의 아버지라는 개념을 분명히 한다면, 다른 것들에 대한 정의도 확실해질 것이다. 빌 존슨은 이렇게 말했다. "당신이 하나님에 대해 어떤 생각을 하든, 예수님 안에서 보이지 않는 것이라면 버려야 한다."

> 아버지 하나님에 대한 정의를 바르게 세울 수 있다면, 스스로에 대한 정의도 바르게 확립될 것이다.

참된 정체성으로 들어가기

당신을 따라다니는 모든 꼬리표, 그 모든 거짓말은 당신을 향한 하나님의 꿈을 철저하게 훔치고 죽이고 멸망시키는 것들이다. 우리가 그것들을 믿는 한, 결코 하나님이 창조하신 본연의 자아에 온전히 이르지 못하게 된다. 우리는 상상도 할 수 없을 정도로 많은 것을 위해 창조되었다. 원수가 가장 유용하게 사용하는 도구는 '참된 정체성을 의심하게 만드는 것'이다.

사도 바울은 교회들에게 편지를 쓸 때 항상 서문을 '성도들에게'(To the saints of)로 시작했다. 성도들이라는 말로 그가 나타내고자 했던 의미는 '거룩한 자들'이다. 당시 교회들은 모두 각고의 노력을 기울이고 있었다. 그들에게는 많은 문제가 있었지만, 바울은 그것을 그들의 정체성으로 보지 않았다. 바울은 그들을 '하나님이 뜻하신 더 나은 곳으로 부름 받은 자들'로 보았다.

중요한 것은 현재 당신의 행위가 아니라, 하나님이 당신을 어떤 존재로 부르시는가이다. 그리고 하나님은 바로 지금 참된 정체성으로 들어가도록 당신을 부르고 계신다.

"그런즉 누구든지 그리스도 안에 있으면 새로운 피조물이라 이전 것은 지나갔으니 보라 새 것이 되었도다"(고후 5:17). 여기에는 우리의 과거도 포함된다. 로마서 6장은 '이전 것'(old man), 즉 우리의 옛 자아는 그리스도와 함께 죽고 그리스도와 함께 새롭게 태어났다고 말씀한다. 우리는 그리스도 안에서 새로워졌다.

나는 지금 하나님이 어떤 분인지 이해하게 되었을 뿐 아니라 내가 어떤 존재인지에 대한 새로운 정의를 갖고 있다. 나는 더 이상 과거에 구속되지 않는다. 그리스도를 믿은 후에도 얼마나 많은 이들이 속박 아래 있는지 아는가?

우리는 모두 가족사, 집안의 내력을 살펴보고 해결할 필요가 있다. 이전 세대들 가운데 하나님이 의도하지 않으신 것들이 있을 수도 있기 때문이다. 건강하고 훌륭한 역사와 내력을 가졌다면 정말 멋진 일이다. 그러나 대부분의 사람들은 가계도를 살펴보고 하나님의 도우심으로 바로잡을 필요가 있다는 사실을 깨닫게 될 것이다.

한때 허칭스 가문이 수수께끼처럼 느껴지던 때가 있었다. 어머니와 아버지가 소천하신 후 어느 날, 나는 가계도가 정리되어 있는 사이트(Ancestry.com)에 들어가 우리 가문에 대해 알아보기로 결심했다. 거기서 사망 증명서들을 훑어보다가 할아버지가 1933년 어느 기관에서 알코올 중독으로 사망했다는 사실을 알게 되었다. 아버지는 할아버지에 대해 한 번도 언급한 적이 없었다.

할아버지에게는 모두 열두 명의 형제가 있었는데, 우리 할아버지만 자손이 있었다. 할아버지는 알코올 중독으로 고인이 되었고, 할아버지의 형제 중 세 명은 정신이상으로 켄터키의 한 기관에서 사망했으며, 다른 두 명은 자살로 생을 마감했다.

가계도를 보면 볼수록 내 삶에 일어난 일들, 내가 왜 어린 시절에 악한 영의 괴롭힘을 당했는지 이해할 수 있었다. 나는 온전히 그리스도를 믿기 전까지 성질 나쁜 주정꾼이었다. 고등학교 시절에는 친구들과 캠핑 중 처음으로 양주를 마시고 흥분하여 텐트를 전부 찢어 버렸는데, 당시 체포되었던 것 외에는 기억나는 것이 없다. 술에 취할 때마다 머릿속에서 수군거리는 소리가 들렸다. 이 음성 때문에 내가 어떤 일을 저지르기 시작하자, 아무도 내 곁에 있고 싶어 하지 않았다. 나에게 가계를 통해 내려온 정신질환과 알코올 중독의 저주가 있었던 것이다.

모든 이들이 내가 하나님을 믿는 사람이라도 그러한 저주 아래 살아가며 수치를 당하게 될 것이라고 말하곤 했다. 하지만 더 이상 나의 과거나 가족의 내력, 악한 영이 내 삶에서 도둑질하려 애써 온 다른 어떤 것으로 나를 정의하거나 규정할 수 없다는 사실을 지금 분명히 말하고 싶다. 나는 더 이상 가계의 저주와 속박 아래 살아가지 않는다. 나는 주님께 회개하고, 나 자신과 아내, 자녀와 손주들을 위해 기도하고 있다.

나에게 진리를 가르쳐 주시고 자유케 하신 예수님께 감사드린다. 하나님이 내게 맡기신 외상 후 스트레스 장애(PTSD) 사역은 우리 가족의 삶에서 도둑질을 일삼은 대적에 대한 직접적인 보복이라고 할 수 있다.

자유는 목적지가 아니라 여정이다

이 글을 읽는 독자들 중에도 정죄감이나 수치심을 일으키는 습관이나 속박과 씨름하는 이들이 있을 것이다. 나는 당신에게 자유가 있다는 사실을 알려 주고 싶다. 우리는 예수 그리스도께서 임하셔서 자유케 하시도록 허락해 드리기만 하면 된다. 그분은 우리 힘으로는 할 수 없는 방법으로 우리를 자유케 해 주실 것이다. 또한 자유뿐만 아니라, 예수님께서 당신이 힘겹게 씨름하는 것들과 약한 부분들, 그리고 중독을 바꾸어 가장 훌륭한 사역의 발판이 되게 하실 것이다. 주님은 정죄하시는 분이 아니라 회복하시는 분이다.

이사야 61장은 희년의 날(Day of Jubilee)에 대해 이야기한다. 이날이 되면 도둑맞거나 우리의 선택으로 빼앗긴 것들을 완전히 회복하고 되찾게 된다. 예수님이 인생을 회복시켜 주시는 것이 바로 우리 희년의 날이다. 우리가 억압받으며 살아왔다는 사실을 깨닫는 날이며, 속박의 사슬이 끊어지고, 하나님의 사랑과 예수 그리스도 안에서 그분이 치르신 값으로 자유케 되는 날이다.

그날 하나님은 당신에게 근심의 영 대신 찬송의 옷을 주실 것이다. '근심의 영'이란 우리가 예수님 안에서 무엇이 가능한지 깨닫지 못할 때 갖게 되는 아픈 과거나 죄책감, 수치심을 말한다. 주님의 뜻은 우리가 죄책감과 수치심, 정죄감 없는 하나님의 백성으로 살아가는 것이다. 예수님의 전능한 이름 가운데 자애로운 아버지의 자녀들로 행하는 것이다.

만일 하나님께서 내 영혼을 다루시도록 허락해 드리지 않았다면, 속박의 개념을 이해하고 자유로운 삶을 살게 되는 과정을 밟지 않았다면, 지금 이 자리에 있지 못했을 것이다. 진정한 자유를 얻기 전에는 부모님께 모든 사람을 기쁘게 해야 한다고 교육받으며 자랐기 때문에 내 안에 거짓의 영이 자리잡고 있었다. 모두를 행복하게 하려고 애쓰면, 아무도 행복하게 만들 수 없다. 우리는 거짓말하고 이야기를 지어내다가 스스로를 증오하게 될 것이다. 자신이 무슨 짓을 하고 있는지 정확히 알기 때문이다.

나는 자유하게 된 후, 내 죄를 고백하고 회개했다. 그러자 절반의 성도들이 교회를 떠나 버렸다. 하지만 하나님의 은혜로, 변함없이 나를 사랑하고 지지해 주신 분들의 도움으로 교회를 세울 수 있었다. 우리 교회는 이제 거짓이 아니라, 하나님의 진리 위에 세워지게 되었다. 나는 살면서 한 번도 고백하지 못한 것들을 성도들과 가족 앞에서 고백했다.

몇 가지 속박에서 자유해지고 나면, 더 심각한 속박이 우리를 사로잡고 있다는 사실을 깨닫게 되는 경우가 있다. 그렇다 해도, 정죄감을 갖지 말라. 하나님은 단번에 우리를 정결케 하시지는 않는다. 자유는 목적지가 아니라 여정이다.

우리는 예수님과 함께 동행하면서 우리의 온전한 정체성을 가로막고 방해하는 것들을 보여 주시도록 허락해 드려야 한다. 주님은 날마다 우리 마음을 새롭게 하신다. 찬송 외에 우리가 하나님께 드릴 수 있는 유일한 것은 상한 마음이다. 상한 마음은 우리가 그분 안에서 온전한 정체성을 깨닫지 못하도록 가로막는다. 우리는 바로 지금 예수 이름으로 자유를 누릴 수 있다.

> 찬송 외에 우리가 하나님께 드릴 수 있는 유일한 것은 상한 마음이다. 상한 마음은 우리가 그분 안에서 온전한 정체성을 깨닫지 못하도록 가로막는다. 우리는 바로 지금 예수 이름으로 자유를 누릴 수 있다.

Supernatural Freedom from the Captivity of Trauma

치유받으라

Chapter 9

Chapter 9 치유받으라

　여기까지 읽었다면, 치유가 바로 눈앞에 있다는 사실을 알았으면 좋겠다. 바로 지금 하나님이 포로에서 자유케 되는 여정에 당신을 초대하고 계신다. 이것은 참으로 오랫동안 걸어온 여정이지만, 그 방법을 알지 못했다.

　많은 이들이 너무나도 깊은 상처와 충격을 받아 치유를 향한 여정을 두려워하고 있다. 예수 이름으로 당신의 위로자요 친구이시며, 당신이 지나온 모든 과정을 아시는 성령님이 함께하고 계신다는 사실을 깨닫기를 축복한다. 그분은 우리가 어떤 사람인지 폭로하여 더 깊은 상처를 주려고, 또는 어떤 식으로든 해를 끼치기 위해 오신 것이 아니다.

　하나님은 우리를 치유하시기 위해 깨어지고, 상한 마음의 파편들을 모아 온전케 하시기 위해 오셨다. 우리를 회복시켜 자유롭게 살아가게 하시려고, 사는 동안 평강 가운데 걷게 하시려고 오셨다. 하나님은 우리가 씨름해 왔던 거짓 정체성을 벗어 던지기를 바라신다. 그분이 부여하신 참된 정체성을 깨닫기를 바라신다. 그분께 우리를 향한 계획들이 있기 때문이다.

너희를 향한 나의 생각을 내가 아나니 평안이요 재앙이 아니니라 너희에게 미래와 희망을 주는 것이니라 (렘 29:11)

치유를 위한 기도

당신을 힘들게 하고 자극하는 것들로 인해 때로는 안심이 되지 않을지라도, 하나님은 지금 당신을 안전한 곳으로 초대하고 계신다. 안심하라. 하나님이 우리와 함께하시며, 십자가에서 원수를 이기셨다. 원수에게는 십자가의 공로를 무산시킬 능력이 없다. 예수님께 아버지 하나님이 주신 모든 권한이 있다. 어떤 자극(trigger)을 받더라도 그것은 우리의 삶을 지속적으로 통제하려는 패배한 원수의 미약한 시도에 불과하다.

(PRAY)

지금 예수 그리스도의 보혈의 능력으로 성령님을 환영하며 당신의 위로자와 돕는 자, 치료자와 구원자로 임하시길 기도합니다. 예수 그리스도의 이름으로 하나님의 용서를 선포합니다. 과거에 무슨 일을 저질렀고 어떤 일을 겪었든지, 당신은 자유하며, 더 이상 과거의 제한을 받지 않습니다. 이제 하나님의 부름 받은 존재, 즉 하나님의 사랑받는 자녀입니다.

트라우마 때문에 생긴 수치심과 트라우마의 영향력을 예수 그리스도의 보혈의 능력으로 파쇄합니다. 이제 당신이 당하거나 경험한 것은 당신의 정체성을 말해 주지 않습니다. 하나님의 자녀에게는 수치심이 없기 때문에, 당신도 더 이상 수치심을 짊어지지 않습니다.

죄 때문에 또는 고통에 맞서기 위해 당신이 행한 일로 인해 생긴 죄책감을 내가 깨뜨립니다. 예수 그리스도의 이름으로 어떤 정죄함도 없음을 선포합니다. 생명의 성령의 법이 당신을 죄와 사망의 법에서 자유케 하였습니다.

이사야 61장 말씀을 능력으로 선포합니다. 주 하나님의 성령이 당신의 상한 영에 아름다운 소식을 전하러 임하셨습니다. 당신을 치유하시고 해방과 자유를 선포하기 위해 오셨습니다. 바로 지금, 성령께서 신성한 교환을 통해 슬픔 대신 위로와 기쁨을, 근심의 영 대신 찬송의 옷을 입혀 주고 계십니다.

당신을 대적하는 악한 영의 임무를 모두 파쇄합니다. 예수 그리스도의 이름으로 명하니, 트라우마와 고통과 두려움은 지금 당장 떠나갈지어다. 당신을 대항하는 대적의 임무를 예수 그리스도의 보혈의 능력으로 파쇄합니다.

자살의 영아, 너의 능력을 파쇄한다. 지금 당장 말하는 것을 멈춰라. 살인과 분노야, 너희의 임무를 파쇄한다. 예수 이름으로 선포한다. 독자들의 삶 가운데 더 이상 너희가 있을 곳이 없다. 지금 죽음의 영을 파쇄한다. 무덤에서 예수님의 몸을 일으키신 바로 그 영이 이 책의 독자들에게도 있다. 죽음의 영은 지금 당장 떠날지어다.

좌절과 억압과 정신착란과 정신질환, 이중인격이나 다중인격 장애를 예수 이름으로 도말하고 끊는다. 독자들에게서 이러한 원수의 임무는 끊어질지어다.

예수 이름으로 음욕과 성도착과 성폭력과 노예의 영은 바로 지금 독자들에게서 끊어질지어다. 예수 이름으로 성도착의 사슬과 족쇄가 끊어질 것을 선포한다. 당신은 더 이상 어떤 경우에도 어떤 모양이나 어떤 형태로든 성도착에 빠지지 않습니다. 포르노의 능력을 파쇄합니다. 당신의 혼과 생각을 사로잡은 영의 지배력을 파쇄합니다. 포르노의 이미지와 기억들은 당장 소멸될지어다.

내가 예수 그리스도의 이름으로 당신의 상한 마음에 치유를 선포할 때, 가슴에 손을 얹기 바란다. 지금 성령의 능력이 임하여 깨어진 파편들을 모아 이어 붙이시도록 허락해 드리라. 그러면 하나님의 자녀 된 자로 자유롭게 행하며, 하나님의 은혜 가운데 당신의 진정한 모습으로 사명을 감당하게 될 것이다. 당신의 마음에 치유가 임할 때, 온전함과 건강을 주시는 하나님의 샬롬이 생각과 뜻과 감정에, 그리고 육체에도 영향을 줄 것을 예수 이름으로 선포한다. 오른손을 머리 위에 얹으라.

PRAY

예수 그리스도의 이름으로 선포한다. 우뇌에 새겨진 충격적인 이미지와 기억은 소멸될지어다. 충격적인 이미지들과 기억들로 이어지는 신경회로는 끊어져라. 이들 신경회로를 통해 자극받는 모든 시각과 후각과 미각과 촉각과 청각은 끊어져라. 모든 충격적인 이미지와 기억들에 연결된 거짓과 견고한 진을 끊는다.
지금 거짓과 충격적인 이미지와 기억이 새로운 믿음과 말씀의 진리로 대체될 것을 기도합니다. 기억의 중추에 명한다. 깨어나라, 깨어나라, 깨어나라! 기억의 중추로부터 자유로운 기억의 흐름이 있어 삶에 대한 좋은 추억이 회복될지어다. 충격적인 이미지와 기억들은 더 이상 생각을 장악하지 못한다.

뇌진탕과 외상성 뇌손상, 뇌가 하나님의 뜻대로 기능하지 못하게 하는 모든 것들에 치유를 선포한다. 예수 이름으로 명한다. 뇌가 새롭게 연결되고 신경 기능이 정상적으로 작동할지어다. ADHD, 난독증, 인지기능 상실을 예수 이름으로 파쇄한다. 시각과 청각 정보 처리 과정에 치유를 선포한다.

예수 이름으로 정신질환처럼 보이는 트라우마의 차폐 현상(특정 자극이 다른 자극으로 인해 억제되는 일 – 역자 주)이 모두 치유될 것을 명한다. 우뇌와 좌뇌의 기능이 정상적으로 작동하고, 상호 교류가 회복될 것을 선포한다. 예수 그리스도의 보혈의 권능으로 명한다. 지금 우뇌는 완전히 회복되고 치유될지어다.

눈과 귀, 뇌와 척수, 신경을 포함한 신경체계에 치유를 명한다. 모든 만성적 통증, 두통, 어지럼증은 지금 예수 이름으로 떠나갈지어다.

예수 그리스도의 이름으로 명한다. 호르몬의 분비와 조절을 담당하는 내분비계는 원래대로 기능이 회복되어 모든 분비샘이 정상적으로 호르몬을 흘려보낼지어다.

근육과 뼈와 연골과 인대 등 근골격계에 명한다. 외상적 사건의 모든 기억은 근육과 기타 다른 부위에서 나와 디스크, 관절염 등 사고와 관련된 통증, 사람들 간의 악한 접촉이 모두 제거되고 하나님의 평안과 샬롬으로 대체될 것을 선포한다. 예수 이름으로 모든 뼈와 관절, 연골, 인대는 견고할지어다.

심장과 혈관, 림프계로 구성된 순환계에 예수 이름으로 치유를 선포한다. 고혈압, 협심증은 깨끗하게 치유될지어다. 신장과 방광과 요관으로 구성된 비뇨기계에 예수 이름으로 치유와 회복을 선포한다.

입과 식도와 위장과 창자로 구성된 소화계의 모든 부위에 치유를 명한다. 소화불량, 거식증, 속쓰림, 메스꺼움 등은 깨끗하게 치유될지어다. 하나님의 뜻에 따라 그분의 땅에서 건강한 음식을 먹고 잘 소화시켜, 평생 영양분을 원활히 공급하고 신체의 건강을 유지할지어다.

예수 이름으로 생식계가 온전히 치유되고 정상적으로 기능할 것을 선포한다. 경건한 결혼생활 가운데 하나님의 뜻에 따라 열매 맺고 번성할지어다.

외피계에 명한다. 피부와 머리카락과 손톱과 유분, 땀선이 하나님의 뜻에 따라 기능하여 몸을 보호하고 체온을 조절하며 노폐물 분비를 원활하게 할지어다. 외피계의 손상된 부위가 모두 치유될 것을 예수 이름으로 선포한다.

코와 상기도, 폐 등의 호흡계에 원수의 출입을 금한다. 생명을 유지하도록 하나님이 불어넣어주신 생명의 호흡이 어떤 식으로든 손상되지 않을 것을 선포한다. 호흡계의 모든 손상은 예수 이름으로 치유될지어다.

면역계에 명한다. 하나님의 뜻에 부합하게 기능하고, 평생 유해한 미생물에 건강하게 맞서는 방어체계로 기능할지어다.

잠에게 명한다. 잠언 3장 24절의 말씀대로 더 이상 두려움 가운데 눕지 않을 것이다. 사랑하는 자녀들에게 달콤한 잠을 주시는 것이 아버지의 기쁨이다. 매일 밤마다 깨지 않고 6-8시간 숙면할 수 있도록 뇌의 수면 중추에 재설정을 명한다. 모든 악몽과 떨림, 땀이 떠나가기를 예수 이름으로 명한다. 하나님의 거룩한 천사들이 침실에 임하여 전쟁터가 아니라 휴식과 평안의 처소가 될 것을 예수 이름으로 기도한다.

예수 그리스도의 보혈의 능력으로 선포한다. 과거는 더 이상 당신을 규정하지 않는다. 당신은 하나님의 부르심으로 결정된다. 당신은 그리스도 안에서 새로운 피조물이다. 옛 사람은 죽었고, 삶 가운데 모든 것이 새로워졌다.

> 과거는 더 이상 당신을 규정하지 않는다. 당신은 하나님의 부르심으로 결
> 정된다. 당신은 그리스도 안에서 새로운 피조물이다. 옛 사람은 죽었고,
> 삶 가운데 모든 것이 새로워졌다.

새로운 피조물의 축복

이제 당신의 인생을 향하여 다음과 같이 선포하라.

PRAY

이것이 하나님께서 말씀하시는 나다. 나는 왕의 자녀이며 예수님과 공동 상속자이다. 예수님이 값을 주고 사신 모든 것이 나의 유산이고, 나는 사랑받는 존재이다. 나는 용서받았고 그리스도의 보혈로 깨끗해졌다. 예수님이 나를 받아들이셨다. 나는 성령으로 충만하다. 예수님의 사역 가운데 있는 나를 보호하고 도와주는 천사들이 있다. 나는 예수님과 하나 되었고, 그리스도와 함께 십자가에서 죽었다. 나는 예수님과 함께 죽었고, 예수님과 함께 장사되었으며, 예수님과 함께 일으켜졌다. 나는 이 시대뿐 아니라 오는 시대에 일컫는 모든 통치와 권세와 권위와 이름 위에 예수님과 함께 하늘에 앉았다. 그러므로 나는 그리스도의 권세를 지니고 있다. 질병과 죄와 악한 영과 세상에 대한 권세가 내게 있다. 나는 이 땅의 소금이며 세상의 빛이다. 내가 하나님을 사랑하기에 모든 것이 합력하여 선을 이룬다. 나는 그분의 뜻대로 부름 받았으며, 이는 곧 그리스도의 이미지와 형상을 본받게 하려 함이다. 나는 그

리스도 안에서 모든 것을 할 수 있다. 세상에 있는 자보다 내 안에 계신 분이 더 크시기 때문이다.

결론

하나님은 우리가 그분이 주신 정체성을 깨닫고 온전하게 살아가기 원하신다. 우리는 모두 죄악된 세상 가운데 태어나 살아가기 때문에 대부분 손상된 정체성을 가지고 살아간다. 우리의 원수 마귀는 우리가 상한 마음을 가지고 포로로 살아가기 바란다. 그러나 사랑하는 하늘 아버지께서 예수 그리스도를 이 땅에 보내셔서 십자가에 달려 죽게 하심으로 마귀의 속박에서 해방시켜 주셨고, 우리의 상한 마음을 고쳐 다시 온전하게 해 주셨다. 우리가 치유되고 온전해지는 것은 오직 예수 그리스도를 통해서 가능하다.

우리는 그리스도 안에서 새로운 피조물이다. 옛것은 지나가고 모든 것이 새로워졌다. 우리는 사랑받는 자, 용납받는 자, 죄 사함을 받은 자로, 하나님의 가족이 되었다. 또 예수님의 공동 상속자이다. 이것은 예수님이 하나님께 받으신 유산이 우리의 유산이기도 하다는 말이다. 예수님이 온전한 삶을 사셨기에 우리도 온전한 삶을 살 수 있다.

하나님은 우리의 삶을 향한 목적과 사명을 예비해 놓으셨고, 우리가 이 땅을 떠나기 전에 완수해야 할 계획을 갖고 계신다. 우리는 우리의 삶을 향한 하나님의 목적대로 부름 받았다. 우리에게는 목적지가 있는데, 그곳은 바로 천국이다. 그곳에 가기까지 우리가 이 땅에서 완수해야 할 사명이 있다. 그것은 예수님과 같이 되어 우리를 둘러싼 세상에, 이 땅에 천국이 임하게 하는 것이다.

우리는 천국과 땅을 연결하는 자이다. 우리가 깨어짐으로 인해 고군분투하면, 이 연결에 많은 잡음이 생긴다. 때로는 그 잡음이 너무 심해서 하나님 아버지의 음성을 들을 수 없게 된다. 우리를 향한 하나님의 무조건적인 사랑을 들을 수도, 느낄 수도 없다. 그러나 예수님을 우리의 삶에 맞아들여 깨어지고 상한 것을 치유받으면, 다시 아버지의 마음에 연결되어 어머니의 태에서 지음 받았을 때와 같이 하나님의 사랑이 다시 우리에게 자유롭게 흐르게 된다.

> 우리는 천국과 땅을 연결하는 자이다. 우리가 깨어짐으로 인해 고군분투하면, 이 연결에 많은 잡음이 생긴다. 때로는 그 잡음이 너무 심해서 하나님 아버지의 음성을 들을 수 없게 된다.

성령은 인터넷에 연결되는 것처럼 우리를 아버지와 연결시켜 주신다. 성령은 제한 없는 주파수를 갖고 계신다. 성령의 통신은 무료이다. 이미 예수님은 우리를 회복시키기 위해 대가를 지불하셨다. 따라서 예수님을 통해 평생 무료로 하나님과 교감할 수 있다. 이것은 참으로 유리한 거래이다. 아니, '감사하게도 어디에서나 취할 수 있는 최상의 거래'라고 할 수 있다.

하나님은 당신을 향한 언약의 축복을 갖고 계신다. 이것은 무슨 뜻일까? 언약의 축복이란 하나님이 인류에게 제안하신 약속이다. 그 덕분에 우리는 하나님과의 관계 가운데 온전함을 경험할 수 있으며, 부족함이 없다. 언약의 축복은 예수 그리스도를 통해 누릴 수 있다. 은혜는 하나님이 주신 호의의 선물이다. 이 은혜의 능력으로 과거에 우리가 무슨 짓을 저질렀고 우리에게 어떤 일이 있었든지 언약의 축복을 받을 자격을 박탈할 수 없다.

정신적 트라우마는 영혼의 상처이다. 사람의 행위나 조치로는 영혼이 입은 상처를 치유할 수 없다. 치료법이나 약물이 약간의 도움이 될 수는 있지만, 하나님만이 우리의 마음과 뜻과 감정의 깨진 조각들을 하나로 모아 회복시키실 수 있다. 악한 영은 소망이 없다는 메시지로 우리의 깨어짐이 영원하며, 평생 절망 가운데 무기력하게 살 것이라고 속삭인다. 그러나 이것은 거짓이다! 하나님의 메시지는 소망이다. 우리의 삶을 향한 마귀의 모든 궤계를 꺾기 위해 예수님을 죽은 자 가운데서 일으키신 부활의 능력의 소망이다.

어쩌면 당신은 지금 이렇게 말할 수 있다. "글쎄요. 이 모든 것이 좋기는 한데, 저는 거기에 동참하고 싶지 않습니다. 그냥 당신이 좋은 말을 조금 해주고, 이 모든 고통을 멈춰 줬으면 좋겠습니다."

나는 지금 오직 예수님을 통해 온전함과 치유가 찾아온다는 사실을 전하려고 이 글을 쓰고 있다. 산산이 부서진 영혼을 온전케 하는 전인적 치유는 오직 예수님께 있다. 예수님만이 우리의 마음과 의지와 감정의 조각들을 모아 다시 완전하게 회복시키실 수 있다. 이 땅에서 우리의 소명과 목적은 우리에게 임한 하나님의 샬롬으로 그분께 영광 돌리는 것이다.

> 산산이 부서진 영혼을 온전케 하는 전인적 치유는 오직 예수님께 있다. 예수님만이 우리의 마음과 의지와 감정의 조각들을 모아 다시 완전하게 회복시키실 수 있다.

내 친구 린 엘드리지는 하나님의 영광을 위해 그분의 샬롬으로 온전하게 사는 것이 무엇인지 알고 있다. 역기능 가정에서 자란 린은 신성하지 않은 가문의 뿌리의 영향으로 불의와 죄에 빠졌다. 다음은 린의 간증이다.

⋮

오순절 교회에서 성장한 저는 평생 원인을 알 수 없는 정신질환과 싸웠습니다. 그것은 제 안에서 반항과 분노, 중독, 폭식의 영을 자극했습니다. 부모님도 강박장애와 조현병, 조울증, 거식증, 폭식증, 중독이 있었지만, 세상의 기준으로 보면 성공한 인생이었습니다. 저는 하나님께 화가 나서 오순절 교회를 떠났습니다. 늘 하나님을 위해 산다고 노력했지만, 말씀에 대한 이해가 없어 점점 파멸을 향해 가고 있었고, 가족도 마찬가지였습니다(호 4:6 참조).

저는 35세에 경계성 인격장애 진단을 받았고, 그때부터 향정신성 약물들을 복용했습니다. 이 약물들은 지난 17년간의 고통을 조금 완화시켜 주었습니다. 침술 치료도 일주일에 3회씩 받았습니다.

겨울에는 깊은 절망감 때문에 증상이 더 악화되어 불교와 힌두교에 빠졌습니다. 알코올 중독을 이겨 내고자 중독자 모임에 참석해 6년 동안 술을 마시지 않았지만, 다시 중독되고 말았습니다. 스스로 약을 복용하기로 결정할 때까지 외로운 싸움이 계속되었습니다.

그러다가 2011년 3월에 텍사스 휴스턴에 있는 베일러 대학교의 메닝거 클리닉에 입원했습니다. 그 병원이 제일 좋은 곳이라는 이야기를 들었기 때문입니다. 당시 저는 육체적·정신적 고통이 감당할 수 없는 수준에 이르러 자살하고 싶었습니다. 그래서 그곳이 마지막 희망이라 생각했습니다. 몇 주간의 테스트 후에 저를 독방에서 지내게 하자는 논의가 있었습니다. 저는 갇혀 지내고 싶지 않았습니다. 제가 스스로 목숨을 끊을 수 없다는 사실을 알고 있었기 때문입니다. 어쨌든 스스로를 점검할 수 있었고, 갇혀 있는 것에 대한 끔찍한 두려움을 안고 더욱 무기력해져서 집으로 돌아왔습니다.

그리고 그해 7월에 사촌이 치유 사역자를 보러 지방 교회에 가자고 권했습니다. 저는 사촌을 따라 지방의 힐링 룸[6]에 가서 예수님을 만났고, 임재의 능력을 느낄 수 있었습니다. 그곳에서 세대적 저주에 대하여 배웠고, 매주 기도를 받았습니다. 또한 죄를 자백하고 회개하고 용서하고, 가문 대대로 내려오는 부도덕과 죄를 끊는 선언을 했습니다.

그로부터 약 2개월 뒤, 2011년 11월 말에 모든 약물을 끊었습니다. 그리고 고통 없이 평안과 소망, 기쁨의 은혜를 충만히 경험하며 살게 되었습니다! 6년이 지난 지금까지도 예수님의 평안 속에서 제 모든 것, 제가 가진 모든 것을 가지고 예수님을 따르며 살고 있습니다. 예수님만이 유일한 길입니다. 다른 길은 없습니다.

하나님은 이미 당신에 대해 결정해 놓으셨다. 그분은 절대로 시들지 않는 영원한 사랑과 당신이 태어나기 전에 예비해 놓으신 최고의 꿈이 이루어지는 모습을 보겠다는 열심으로 당신을 사랑하기로 선택하셨다. 하나님은 우리 삶의 모든 죄와 중독과 거짓말을 십자가의 예수님을 통해 이미 해결하셨다. 하나님은 우리에 대하여 결정을 내리셨다. 우리는 하나님이 우리에 대해 말씀하시는 진리로 나아가기만 하면 된다.

나를 향한 하나님의 사랑을 확신하기 어려운 시기가 있었다. 내가 누릴 수 있는 하나님의 사랑과 치유의 진리를 이해하기가 어려웠다. 마음속에 몸부림치게 만드는 장애물이 있었고, 수치심과 죄의식에 시달렸다. 매주 회중들 앞에 서서 하나님의 사랑에 관하여 설교하면서 정작 하나님의 사랑을 경험하고 있지 못하는 나 자신이 최악의 위선자처럼 느껴졌다. 그때 하나님이 나를 위해 예비해 두신 꿈으로 초대하셨다. 그리고 나는 그 꿈을 받았다!

초대의 본질은 받아들여야 하는 것이다. 하나님은 지금 당신의 삶을 위해 예비해 두신 꿈으로 들어오라고 당신을 초대하고 계신다. 이것은 우리가 예수 그리스도를 통해 하나님의 의가 되었다는 진리를 받아들이면서, 하나님이 베푸시는 양자의 영을 받아들임으로 시작된다.

> 무릇 하나님의 영으로 인도함을 받는 사람은 곧 하나님의 아들이라 너희는 다시 무서워하는 종의 영을 받지 아니하고 양자의 영을 받았으므로 우리가 아빠 아버지라고 부르짖느니라 (롬 8:14-15)

하늘 아버지는 우리 삶을 향한 모든 축복을 온전히 누릴 수 있도록 우리가 경건한 범위 안에서 살아가기 바라신다. 하나님은 상처의 근원을 찾아 그 뿌리를 뽑아내어 더 이상 그것과 함께 살지 않기를 원하신다. 하나님은 우리가 두려움과 염려와 걱정의 속박에서 자유롭기를 바라신다. 하나님은 우리에게 죄 관리의 복음을 말씀하시지 않는다. 그분은 자유의 복음을 말씀하고 계신다.

기억하라, 자유는 목적지가 아니라 여정이다. 하나님은 우리가 자유롭게 살아가도록 그 여정에 날마다 함께하시겠다고 약속하신다. 당신의 치유는 항상 가까이에 있다. 하나님의 자비와 은혜는 아침마다 새롭다.

우리 안에 계신 하나님은 세상에 있는 자보다 크시다. 우리는 그리스도와 함께 천국에 앉아 있다. 모든 것이 예수님의 발아래 있다. 그러므로 우리가 그분을 주와 구원자로 영접하면, 모든 것이 우리 발아래 있게 된다.

우리는 두려움의 영이 아니라 능력과 사랑의 영, 건강한 마음을 받았다. 우리 안에 그리스도의 마음이 있기 때문에 온전한 마음을 소유하고 있다. 우리는 하나님과 같은 생각을 한다. 하나님이 우리에게 말씀하시고, 우리는 그분의 인도를 받는다. 하나님이 우리를 위하시면, 이 땅의 그 무엇도 우리를 대적할 수 없다. 그분이 우리를 위하신다.

우리가 하나님을 사랑하고, 그분의 뜻대로 부름 받았기 때문에 우리를 위해 모든 것이 합력하여 선을 이룬다. 우리를 향한 하나님의 뜻은 날마다 예수님을 닮아 가는 것이다. 우리는 어제보다 오늘 더 예수님을 닮게 된다. 그리고 오늘보다 내일 더 예수님을 닮을 것이다. 우리에게는 목적지가 있다. 우리에게는 천국에 갈 때까지 이 땅에 천국을 가져와야 하는 사명이 있다.

　우리의 삶이 성령님의 전이며, 천국과 땅을 연결한다. 우리가 가는 곳마다 하나님의 나라와 사랑과 영광이 임하며, 천사들도 함께한다. 하나님이 우리를 사랑하시기에, 우리는 정복자보다 더 나은 자이다. 예수 이름 안에서 우리는 자유하다.

주

1) James G. Friesen, 'Uncovering the Mystery of MPD, (Portland, OR: Wipf and Stock, 1997)

2) Lamya Khoury, Yilang L. Tang, Bekh Bradley, Joe F. Cubells, Kerry J. Ressler, "Substance use, childhood traumatic experience, and Posttraumatic Stress Disorder in an urban civilian population," Depression & Anxiety 27(12), 2010, 1077-1086, accessed June 9, 2020, https://www.ncbi.nlm.nih.gov/pmc/articles/PMC3051362.

3) Ehlers A. Clark, DM "A cognitive model of posttraumatic stress disorder," Behaviour Research and Therapy 2000 38(4), abstract, accessed June 9, 2020, https://pubmed.ncbi.nlm.nih.gov/10761279.

4) Bob Hamp, Think Differently Live Differently: Keys to a Life of Freedom (Think Differently Press, 2010).

5) Edith Adrian Matthies, Walk with Me: A Life Lived with Joy (Victoria, BC: Friesen Press, 2018), 193.

6) Cal Pierce, "Birth of Healing Rooms," Healing Rooms Ministries, https://healingrooms.com/index.php?page_id=2569.

Supernatural Freedom from the Captivity of Trauma

부록

부록 A

트라우마로부터의 해방을 위한 기도

외상 후 스트레스 장애(PTSD)의 치유를 위한 이 기도는 성령이 인도하신다. 따라서 무엇보다 성령의 음성을 듣고, 그분이 지시하시는 대로 기도 사역을 하는 것이 중요하다. 성령께서 기도의 단계들을 모두 진행하게 하실 수도 있고, 1-2단계를 생략하라고 말씀하실 때도 있을 것이다. 성령님만이 사역받는 자에게 무엇이 필요한지 아신다. 따라서 그 사람이 치유되기 위해서는 성령의 말씀을 듣고 따르는 것을 배워야 한다.

당신에게 성령의 음성을 들을 수 있는 능력이 있다는 사실을 신뢰하고, 매번 성공하지 못한다 해도 자책하지 말라. 하나님의 임재 안에 은혜가 있다. 그분께서 책임지신다. 다른 사람들에게 사역하는 것은 과정을 배우는 것이다. 하나님은 사람들을 치유하시기 위해 당신을 통해 역사하시기를 간절히 바라신다. 이 사실을 깨닫는 것이 중요하다.

앞에서 말했듯이, 나는 외상 후 스트레스 장애 치유 사역을 전혀 알지 못하는 사람들이 이 기도의 각 단계들을 크게 읽는 가운데 치유가 일어나는 것을 보았다. 어떤 모델이냐, 혹은 어떤 방법이냐는 중요하지 않다. 모델이나 방법은 우리에게 어떤 틀, 즉 시작점을 제공할 뿐이다. 그 다음에 일어나는 일은 온전히 하나님께 달려 있다.

Step 1 인터뷰

요청 당신의 인생에 충격적인 사건은 무엇이었습니까? 상세히 기술할 필요는 없고, 무슨 일이었는지 간략하게 말씀해 주세요(예: 교통사고, 학대, 폭력 사건 목격 등).

인터뷰 대상이 현역병 또는 퇴역 군인이라면 다음과 같이 말하라.

나라를 위한 당신의 헌신에 감사드립니다. 우리의 자유를 위해 당신의 목숨을 내놓으신 것에 감사합니다. 당신의 헌신이 헛되지 않은 것은 우리가 자유하기 때문입니다. 귀향을 진심으로 환영합니다!

기도하는 동안 상대의 눈을 마주보라.

Step 2 무엇을 할지 설명하고 허락을 받으라

요청 제가 예수 이름의 권세로 당신이 언급한 충격적인 사건의 영향력이 모두 떠나가라고 명할 것입니다. 그렇게 해도 괜찮을까요? 당신을 위해 기도하면서 당신의 어깨에 손을 올리거나 손을 잡아도 될까요?

치유를 위해 언성을 높이지 말고, 침착하고 평온한 목소리를 유지하라. 사랑과 평안, 기쁨, 믿음을 표현하라.

Step 3 용서하라

(요성) 트라우마 때문에 저지른 실수나 잘못이 생각나면 하나님께 자백하세요. 그게 무엇인지 저에게 말씀하지 않아도 됩니다. 이 문제를 위해 두 눈을 감고 하나님께 직접 말씀드리고 용서를 구하세요. 당신이 이것에 대해 기도하는 동안 예수 그리스도의 보혈이 당신의 죄를 깨끗하게 씻을 수 있게 허락해 드리세요. 이것은 트라우마로 인해 당신이 저지른 일과 관련해서 떠오르는 기억들을 위한 것입니다. 이미 하나님의 용서가 임했다는 사실을 인식하세요. 당신은 받아들이기만 하면 됩니다. 예수님, 당신의 피로 우리를 모든 불의에서 깨끗하게 하시니 감사합니다.

몇 분 뒤, 다음 단계로 이동하라.

(요성) 지금부터 제가 하는 것은 십자가에서 죽으시고 무덤에서 일어나신 예수 그리스도로 말미암아 주어지는 유익의 일부입니다. 당신이 예수 그리스도를 영접하지 않았다면, 지금이 영접할 좋은 기회입니다. 그렇게 하시겠습니까?

"예"인 경우, 영접 기도를 시키고 보혈의 능력으로 죄 사함을 받도록 인도하라. 그런 다음 4단계로 넘어가라.

"아니오"인 경우, 그들을 위해 축복하고 하나님의 치유와 회복이 임하도록 기도하라. 그들에게 하나님의 사랑과 은혜를 베풀고 기도를 마치라.

Step 4 이사야 61장 1-3절을 선포하라

기도 성령님, 환영합니다. OO에게 임하시고 이사야 61장 1-3절 말씀에 따라 예수님의 사명을 성취하시니 감사합니다. 하나님은 예수님을 보내셔서 마음이 상한 자를 고치시고, 포로 된 자에게 자유를 선포하시고, 어둠에 갇힌 자를 풀어 주십니다. 예수님은 당신에게 재 대신 화관을, 슬픔 대신 기쁨의 기름을, 절망의 영 대신 찬송의 옷을 주시기 원합니다.

Step 5 수치심을 끊으라 (기도 대상자와 눈을 마주보라)

기도 저는 지금 수치심과 죄책감, 정죄감, 당신이 한 일이나 지시받은 일 또는 당신에게 일어난 일에 대한 책임감을 모두 끊을 것입니다. 나사렛 예수 그리스도의 이름과 보혈의 능력으로 선포합니다. 모든 수치심이 당신의 삶에서 끊어졌습니다. 당신의 과거와 자신 및 타인에 대한 경험, 충격적인 사건, 반복적으로 발생하는 일들이 더 이상 당신을 규정하지 않습니다. 나사렛 예수 그리스도의 이름으로 당신에게서 수치심을 끊습니다.

당신이 무슨 죄를 저질렀든 아버지께 죄의 묶임에서 풀어 달라고 간청했다면, 예수 이름으로 용서받았습니다. 당신이 저지른 일, 목격한 일들에 대한 죄책감과 정죄감을 모두 예수 보혈의 능력으로 끊고 선포합니다. 그리스도 예수 안에 있는 자들에게는 정죄함이 없습니다(롬 8:1). 당신은 그리스도 안에서 새로운 피조물입니다.

예수 그리스도의 보혈의 능력으로 선포합니다. 당신이 겪은 학대와 피해에 대한 책임은 당신에게 없습니다. 나사렛 예수 이름으로 선포합니다. 당신은 예수 이름으로 깨끗해졌습니다. 그러한 행위들에 대한 죄책감을 끊습니다. 당신은 더 이상 당신의 과거에 의해 결정되지 않습니다. 사람들이 당신에게 행한 일들이 당신의 정체성을 규정하지 않습니다.

Step 6 영혼의 상처 치유하기

충격적인 경험과 행동에 의한 영혼의 상처는 악한 영의 출입구가 된다. 성령의 인도를 받아 트라우마와 관련된 상처나 고통에 대하여 물리적 치유를 선포하고 지식의 말씀을 들으라(다음 페이지에서 'OO의 영'을 보라).

(기도) 예수 그리스도의 보혈로 당신의 마음에 치유가 임하기를 기도합니다. 수년 동안 당신이 짊어지고 있는 마음의 상처를 싸맵니다. 나사렛 예수 그리스도의 이름으로 삶에 대한 두려움과 염려의 힘을 끊고, 두려움과 염려로 인한 상처에 치유를 선포합니다. 당신의 삶에서 트라우마의 능력이 끊어졌습니다. 예

수 이름으로 트라우마의 상처에 치유를 선포합니다.

성적 학대를 받은 자들을 위해 다음과 같이 기도하라.

(기도) 예수 그리스도의 이름으로 당신을 범하고 학대한 사람과 당신 사이에 생긴 혼의 묶임을 끊습니다. 당신을 공격해 온 사람에게 깃들어 있던 어둠의 임무와 일을 모두 무효화합니다. 또 예수 이름으로 모든 접근의 문을 차단합니다. 예수 이름으로 선포합니다. 당신은 어둠, 특히 음욕과 도착, 통제의 영향으로부터 자유합니다.

당신의 인생 가운데 있던 (성적·육체적·언어적) 학대의 힘을 끊습니다. 그리고 예수 이름으로 학대의 상처에 치유를 선포합니다. 예수 이름으로 당신의 삶에서 OO의 능력을 끊고, OO의 상처에 치유를 선포합니다(아래의 리스트에서 적용 가능한 것을 찾아 빈칸을 채우라).

* OO의 영 - 트라우마, 쓴 뿌리, 고통, 상심, 우울, 억울함, 절망, 거절, 용서치 못함, 좌절감, 포기, 자살, 공포, 외로움, 무가치함, 슬픔, 홀로 되는 것에 대한 두려움, 조종, 죽음, 다시 학대받는 것에 대한 두려움, 화, 분노, 살인, 복수, 이혼/분열, 예수님으로부터의 분리, 정신질환, 치매, 기타(OO로 괴롭히는 영, OO에 대한 두려움)

"하나님은 나를 보호하지 않을 거야. 하나님이 나를 벌하고 계셔. 나는 내 평생 이 상태로 살아야 해"와 같은 식의 거짓을 향해 다음과 같이 기도하라.

> **기도** 예수 이름으로 명한다. 앞서 언급한, 괴롭히고 고통스럽게 하는 모든 영들아, 이 사람을 떠나 다시는 돌아오지 말지어다. 그리고 관련된 모든 우주의 영들에게 예수 이름으로 명한다. 주님께서 너희를 꾸짖으신다! 예수 이름으로 어둠의 세력이 가진 임무를 무효화한다.
> 당신의 영과 정신과 육체를 괴롭게 하는 모든 영의 임무를 무효화합니다. 당신이 대적에게 속아 믿은 거짓을 예수 이름으로 무효화합니다. 그리고 원수의 거짓으로 자리잡은 것을 모두 나사렛 예수 이름으로 무효화합니다. 당신의 정신, 당신이 믿어 온 견고한 진 또는 거짓이 치유되기를 기도합니다. 예수 이름으로 거짓과 견고한 진들이 모두 무너졌습니다.
> 성령님, OO을 성령의 생수로 머리끝부터 발끝까지 채워 깨끗하게 하시고, 악한 영들의 괴롭힘으로 인한 상처를 모두 치유해 주소서. 성령으로 충만케 하시고, 트라우마가 점령하고 있는 자리를 모두 성령의 사랑과 평안, 기쁨, 은혜, 능력으로 채워 주시기를 기도합니다.

Step 7 보호

당신이 괴로움을 주는 영들의 접근 통로와 문을 전부 차단하고 시편 91편을 따라 보호의 약속을 선포할 때, 기도 대상자가 보호받는다. 믿음과 신뢰, 평안, 사랑 가운데 권위를 갖고 침착하게 말하라.

> **기도** 당신에게 두려움과 근심, 염려, 편집증, 악몽, 야경증, 불면증, 충격적인 이미지를 불러일으키는 악한 영의 통로와 출입문, 접근 또는 교류의 수단을 모두

나사렛 예수 그리스도의 이름으로 차단합니다. 그리고 시편 91편의 말씀을 선포합니다.

하나님은 당신의 피난처요 당신의 요새입니다. 당신은 그분을 의뢰할 수 있습니다. 그분이 당신을 새 사냥꾼의 올무에서와 심한 전염병에서 건지실 것입니다. 그분이 당신을 그의 깃으로 덮으시고, 당신이 그의 날개 아래에 피할 것입니다. 그분의 진실함은 방패와 손 방패가 되십니다. 당신은 밤에 찾아오는 공포와 낮에 날아드는 화살을 두려워하지 않을 것입니다. 천 명이 당신의 왼쪽에서, 만 명이 당신의 오른쪽에서 엎드러지나 이 재앙이 당신에게 가까이 하지 못할 것입니다. 그분이 당신을 위하여 천사들을 명령하사 당신의 모든 길에서 당신을 지키게 하시기 때문입니다.

Step 8 치유

8단계에서는 다음의 일들을 할 것이다.

- 트라우마의 영향을 받은 정신과 몸의 치유를 위해 기도하라.
- 트라우마를 자극하는 오감을 차단하라.
- 성령님께 좌뇌와 우뇌의 교류를 회복시켜 주시도록 간청하라.
- 영, 혼, 육에 자유를 선포하라.

기도 나사렛 예수 그리스도의 이름으로 당신의 몸에 선포합니다. 골격계, 림프계, 면역계, 근육계, 호흡계, 신경계, 소화계, 배설계, 내분비계, 비뇨기계, 심혈

관계, 생식계, 외피계(머리카락, 피부, 손톱, 땀선)를 구성하는 신체시스템에 치유가 있을지어다.

근육과 피부의 기억, 충격적인 사건과 관련된 뇌의 모든 기억을 예수 이름의 권세와 보혈의 능력으로 파쇄한다.

예수 이름과 보혈의 능력으로 오감에 직접 명한다. OO의 인생에서 충격적인 사건에 대한 기억을 자극하는 오감은 끊어질지어다.

시각(중지와 엄지를 튕겨 딱 소리를 내라)

청각(중지와 엄지를 튕겨 딱 소리를 내라)

미각(중지와 엄지를 튕겨 딱 소리를 내라)

후각(중지와 엄지를 튕겨 딱 소리를 내라)

촉각(중지와 엄지를 튕겨 딱 소리를 내라)

각각의 오감을 충격적인 사건의 이미지와 생각, 기억들로부터 차단하노라. 성령님, 좌뇌와 우뇌의 모든 교류가 다시 회복되게 하소서. 예수 이름으로 영, 혼, 육의 건강한 교류를 선포합니다. 과거의 경험과 행동은 더 이상 당신에 대한 지배권이 없습니다. 그리고 당신의 오감은 더 이상 당신이 겪은 충격적 사건에 대한 기억을 자극하지 않습니다.

Step 9 자유를 풀어놓고 선포하라

경험이나 행동과 관련해서 갇히거나 포로 된 자의 해방을 위해 주님께 기도하라. 그런 다음 트라우마에 기인한 맹세나 선서로부터 자유해지도록 기도하라.

> **기도** 이사야 61장 1-3절 말씀에 따라 예수 이름으로 당신에게 자유를 선포합니다. 당신은 더 이상 사로잡힌 자가 아닙니다. 예수 이름으로 당신은 당신에게 일어난 모든 일로부터 자유합니다. 당신이 충격적인 경험들로 인해 어떤 방식이나 모양이나 형태로 타인에게 무슨 해를 끼쳤든, 예수 그리스도의 보혈이 당신을 자유케 했습니다. 예수 이름으로 선포합니다. 당신은 감옥에서 해방되었습니다. 당신에게 일어난 일이나 당신이 행한 일로 인해 더 이상 감옥에 갇혀 있지 않습니다. 족쇄와 사슬이 당신에게서 끊어졌습니다. 당신은 예수 이름으로 자유합니다! 당신의 영, 혼, 육에 자유를 선포합니다.

Step 10 그리스도 안에 있는 정체성

사랑의 아버지 하나님, 곧 왕의 자녀로 정체성을 선포하고 축복을 선포하라. 기도 대상자에게 하나님의 축복을 선포하라. 눈을 마주보고 미소 지으며 왕의 자녀의 정체성을 선포하라. 이것을 기억하라!

> **기도** 이제 저를 따라 그리스도 안에 있는 당신의 새로운 정체성을 선포할 것입니다.
> 나는 그리스도 안에서 새로운 피조물입니다.
> 옛 사람은 죽었습니다.
> 모든 것이 새로워졌습니다.

나는 예수님 안에 있고, 예수님이 내 안에 계십니다.

내 안에 계신 분은 세상에 있는 자보다 크십니다.

나는 사랑받고 용서받았습니다. 저는 예수님의 보혈로 깨끗하게 되었습니다(이것이 의미하는 바를 확실히 알게 하라.)

무슨 일이 있어도 사랑해 주시는 사랑의 아버지가 나를 받아주셨습니다.

예수 이름으로 나는 천국에서 그리스도와 함께 앉았습니다.

나는 하나님의 영광을 위해 선한 일을 하도록 창조된 하나님의 작품입니다.

나는 나를 사랑하시는 하나님으로 인해 정복자보다 더 큰 자입니다.

나는 더 이상 (앞서 언급된 영이나 충격적 사건의) 피해자가 아닙니다.

나는 승리자입니다. 나는 예수 이름으로 이기는 자입니다.

내 삶의 모든 것이 선하신 아버지께로부터 옵니다.

내가 하나님을 사랑하고 그분의 목적에 따라 부름 받았기에 모든 것이 합력하여 선을 이룹니다.

예수님을 믿는 나에게는 임무가 있습니다.

나는 천국에 갈 것이고, 그전까지 이곳에서 맡겨진 임무가 있습니다.

나는 천국을 이 땅에 가져옵니다.

나에게는 성령 안에서 예수님께 받은 하나님의 능력이 있습니다.

예수님을 죽은 자들 가운데서 일으키신 그 성령님이 내 안에 사십니다.

그러므로 나는 두려움이 없습니다.

하나님이 내게 주신 것은 두려움의 영이 아니라 능력과 사랑의 영이요, 온전한 마음입니다.

나는 완전한 사랑을 갖고 있습니다.

완전한 사랑이 모든 두려움을 내쫓습니다.

아버지가 나를 사랑하시므로 나는 사랑받는 자입니다.

나는 나사렛 예수 그리스도의 이름으로 새로운 정체성을 선포합니다.

예수님의 이름으로 기도드렸습니다. 아멘.

마지막 격려의 말

(설명) 이 기도들은 갑자기 모든 것을 아름답게 변화시키는 요술 지팡이가 아닙니다. 이 기도 모델이 돌파를 가져와 이제 당신은 트라우마를 입은 자가 아니라 정상적인 생활을 하게 되었습니다. 아직까지 소속된 공동체가 없다면, 교회 공동체에 들어가시기 바랍니다. 말씀을 읽고 당신의 치유를 돕는 주요 구절들을 암기하시기 바랍니다. 원수가 다시 와서 거짓을 말하며 치유를 훔치려 할 것입니다. 당신이 교회에 계속 머무르고 성경 말씀과 같이 하나님의 말씀 안에 거한다면, 더욱 강건해지고 승리할 것입니다. 상담자 또는 힐링 룸에 찾아가 추가로 기도를 받으시기 바랍니다. 눌림이 있으면 어디에서든 악한 영 또는 거짓에게 떠나가라고 명하세요. 만약 그 느낌이 다시 돌아오면, 당신에게는 예수 이름으로 그것을 거절할 권세가 있습니다.

평안과 사랑, 풍성한 은혜를 당신에게 선포합니다. 날마다 자신의 정체성을 선포하시기 바랍니다.

부록 B

퇴역 군인을 위한 사역 가이드

베트남 전쟁 중에 불교 승려들이 수년간 미군에게 저주를 선포했다는 보고가 있다. 저주는 다음과 같은 것들이다.

- 그들은 평생 분노에 사로잡혀 살 것이다.
- 그들은 결코 안식하지 못할 것이다.
- 그들은 방황의 영을 갖게 될 것이다.

이 군인들은 미국으로 돌아온 후, 자신들이 사람들에게서 거절당했으며 소속된 곳이 없다고 믿기 시작했다. 그들은 자신들이 경험한 것을 해결하거나 처리하지 못하여 스스로를 고립시켰고, 조국을 위해 충실히 복무한 것에 대해 수치심과 죄책감을 느꼈다. 그들을 위해 다음과 같이 기도하라.

기도 조국을 위해 헌신하신 당신에게 진심으로 감사드립니다. 귀향 시기에 당신을 존중하지 않고 환영하지 못한 미국을 대신해서 용서를 구합니다. '당신이 거절당했고, 소속된 곳이 없다'는 거짓에 대한 믿음을 모두 파쇄합니다. 조국을 위해 봉사한 것에 대하여 죄책감이나 수치심을 가져야 한다는 거짓을 파쇄합니다. 당신에 대한 저주의 계약을 완전히 파기합니다.

이어서 다음과 같이 선포함으로 그들을 묶고 있는 저주를 끊으라.

선포 당신을 축복하고 당신에게서 방황의 영을 끊습니다. 당신에게 안식처가 있다는 사실을 당신의 마음에 각인합니다. 미국으로 돌아온 당신을 환영합니다. 당신에게 평안을 선포합니다. 당신에게서 죽음의 영을 끊습니다. 당신에게 생명을 선포합니다. 주님이 말씀하십니다. "새 삶을 살라!"

그들이 적들을 용서할 수 있도록 다음과 같이 안내하라.

요청 이제, 전쟁터에서 만난 적들을 용서하시기 바랍니다. 베트남에서 또는 군대에서 당신에게 해를 가한 사람들을 용서하시기 바랍니다. 미국 정부와 당신에게 피해를 입힌 사람을 용서하시기 바랍니다. 당신을 공격하거나 거절한 자들을 용서하시기 바랍니다.

마지막으로 환한 얼굴로 그들에게 이렇게 말하라. "귀향을 환영합니다!"

부록 C

외상 후 스트레스 장애(PTSD)를 치유하시는 하나님에 대한 간증들

비디오 링크

- Miracle PTSD testimony feat. Dr. Randy Clark https://www.youtube.com/watch?v=cCwffVgvSIE&feature=youtube

- Veteran healed of PTSD, TBI, insomnia, back and neck injuries: https://www.godheals PTSD.com/testimonies/2019/8/19/video-veteran-healed-of PTSD-and-back-injury

- Woman healed of trauma by viewing healing PTSD video https://www.youtube.com/watch?v=Lyb95kaLec8&feature=youtu.be

- Vietnam vet healed from PTSD https://www.youtube.com/watch?v=oLErYYVXJhg&feature=youtu.be

- Army veteran healed of PTSD symptoms and sleep disorder https://youtube/nPKecdj-KI0

- Veteran healing testimony from combat trauma and child abuse https://youtube/diTqB881Kak

퇴역 군인의 PTSD 치유 간증

- https://youtu.be/uzoaqgYSXGg

하나님께서 당신의 인생을 향해 예비해 두신 꿈으로 들어가도록 당신을 초대하고 계신다. 이 일은 당신이 예수 그리스도 안에서 하나님의 의라는 진리를 받아들임으로 시작된다. 이것이 하나님이 당신을 보시는 방식이다. 그분은 당신도 이와 같이 자신을 바라보기 원하신다.

Supernatural Freedom
from the Captivity of Trauma

Supernatural Freedom from the Captivity of Trauma

by Mike Hutchings

Originally published in the USA by
Destiny Image a division of Nori Media Group
Shippensburg, PA
Under the title
Supernatural Freedom from the Captivity of Trauma
Copyright ⓒ 2021 – Mike Hutchings

Korean Translation Copyright ⓒ 2023 by Pure Nard
2F 16, Eonju-ro 69-gil Gangnam-gu, Seoul, Korea

The Korean edition is published by arrangement with Destiny Image.
All rights reserved.

본 저작물의 한국어판 저작권은 Destiny Image와의 독점 계약으로 '순전한 나드'가 소유합니다.
저작권자의 허락 없이 이 책의 일부 또는 전체를 무단 복제, 전재, 발췌하면 저작권법에 의해 처벌을 받습니다.

트라우마로부터 자유하라

초판 발행 | 2023년 3월 10일

지 은 이 | 마이크 허칭스
옮 긴 이 | 안민경

펴 낸 이 | 허철
책임편집 | 김혜진, 김선경
디 자 인 | S. E. M.
제 작 | 김도훈
총 괄 | 허현숙
인 쇄 소 | 예원프린팅

펴 낸 곳 | 도서출판 순전한 나드
등록번호 | 제2010-000128
주 소 | 서울특별시 강남구 언주로69길 16, (역삼동) 2층
도서문의 | 02) 574-6702
팩 스 | 02) 574-9704
홈페이지 | www.purenard.co.kr

ISBN 978-89-6237-382-0 03230